萬家輝　著

U0116487

比喻的力量

接受與承諾治療的
心理應用技巧

商務印書館

比喻的力量 —— 接受與承諾治療的心理應用技巧

作　　者：萬家輝

責任編輯：蔡枳音

裝幀設計：陳玉珠

出　　版：商務印書館（香港）有限公司

　　　　　香港筲箕灣耀興道 3 號東匯廣場 8 樓

　　　　　http://www.commercialpress.com.hk

發　　行：香港聯合書刊物流有限公司

　　　　　香港新界荃灣德士古道 220-248 號荃灣工業中心 16 樓

印　　刷：美雅印刷製本有限公司

　　　　　九龍觀塘榮業街 6 號海濱工業大廈 4 樓 A 室

版　　次：2021 年 12 月第 1 版第 1 次印刷

　　　　　© 2021 商務印書館（香港）有限公司

　　　　　ISBN 978 962 07 3461 8

　　　　　Printed in Hong Kong

序 1

第一本 ACT 中文比喻書

　　很榮幸可以為萬家輝博士的新作撰寫序言，實在期待已久。

　　認識萬博士接近 30 年了。我們識於微時，先是同事，後來亦師亦友。萬博士自 1991 年起從事心理輔導臨床工作，1994 年我第一天踏進瑪麗醫院精神科便認識了他。還記得當年他提出，為我的數個病人進行在家治療，因他太了解病人如果在家中及在工作崗位上都能「運作暢順」，才是治療的終極目標，單在醫院的病房中顯得穩定是不足夠的。

　　後來萬博士離開醫院管理局加入了教育工作。我在攻讀輔導學碩士的時候，萬博士是課程導師，輩分上他已經是我的老師。當然他沒有放棄臨床工作，不僅有自己的診所，診所內還有專業儀器能進行先進的腦磁激治療。

　　但始終心理治療才是萬博士的那杯茶。

　　心理治療有很多派別，有不同的治療模式，有專業治療師評估哪一種治療模式最切合某位病人，繼而進行治療，效果當然最

好。但近年疫情形成了新常態，很多人不僅需要在家工作，甚至要留在家中治療。這種環境下，我們每個人都更需要學習好好照顧自己。

苦惱的時候，我們最不想聽到他人說自己不理智；焦慮憂傷的時候，最怕聽到好心做壞事的人說「你不這樣想便不會傷心」或「你不要不開心」。病友不時告訴我，他們聽了很多這些說話，但就算用盡氣力，還是改變不到太多。而接受與承諾治療（Acceptance and Commitment Therapy, ACT）就是一種更有效及可行的心理治療方法。

萬家輝博士這本新書，是第一本以中文寫成的 ACT 比喻書。讀者不僅可以在家跟隨書中的指示學習比喻來自癒，更可以學到有效的方法幫助身邊有需要的朋友。對於使用接受與承諾治療的治療師們，本書提供了實在的操作參考和豐富的比喻例子。

希望萬博士的新書可以為大家帶來啟示，讓我們一起學習好好照顧自己，照顧身邊的朋友吧！

港怡醫院精神科譽顧問醫生

林家文

序 2

見證受輔者的變化

翻查不同的學術文獻，不難發現其實心理學、心理治療及諮商學等學問正式被記載、研究及整理，距今不過百多年的歷史。大多數的心理治療手法都建立及發展自著名精神分析學大師弗洛伊德（Sigmund Freud），他在十九世紀後期的臨床個案上有重大發現——「談話治療」（Talking Cure）。他與同僚悟出原來以對話交流方式（exchange of words）作為介入手法，可為病人治療各種心理疾病。

可見說話的力量確實不容忽視，一句中聽的說話可使人滿心歡喜，相反半句嘲諷可讓人意志消沉。這些年來，不少心理治療師／心理學家，努力地善用各種談話治療作介入，並致力以實證探究如何說得準繩，引起受輔者共鳴之餘也能讓他們提升自我覺察能力，從而找到最合適自己的表達方法，慢慢梳理內心的感受、需要和價值。

接受與承諾治療正正是其中一種上世紀八十年代具實證研究

基礎的心理治療法，它提醒受輔者要覺察、接納、擁抱各種內在感受，並選擇合適自己的行動取向作為治療方向。所謂知易行難，明白理論後能加以實際應用的確需要不同的「板斧」，萬家輝博士新作《比喻的力量 —— 接受與承諾治療的心理應用技巧》一書，正正為各前線助人行業及大眾人士深入淺出地剖析如何善用「比喻」作交流，在 ACT 的治療歷程當中見證受輔者思、言、行為上的轉化。

　　作為同業的一分子，能夠見證更多專家把臨床經驗集結成書，推動本地輔導心理學的發展，實在與有榮焉！

香港心理學會輔導心理學部主席、輔導心理學家

郭倩衡

序 3

輔導及心理治療的良師

在社會服務界打滾 20 多年，早已聽過萬家輝先生的大名，直至來到現在的工作崗位，有幸認識萬先生並得其幫助。他在香港撒瑪利亞防止自殺會提供不同的輔導課程，讓社福界的同工可以從他身上學到不少輔導及心理治療的理論及技巧。合作之初，感覺大家理念相近，對於社會現況有同樣的理解及觀察，令我們的合作關係更加牢固。

往後大家事忙，縱然萬先生一直幫忙本會提供課程，但少了碰面的機會。唯經過課堂地點時，總會聽到萬先生雄壯的聲音及學生聽課時夾雜笑聲的回應。當然，每個課程完結後，學生的評估表都對萬先生的教學予以高度評價。

能為萬先生這本新著作寫序，實在非常榮幸。本人可以肯定，以萬先生對輔導理論的透徹掌握，運用技巧的豐富經驗，教學時能做到深入淺出，這本著作必能讓讀者獲益良多。最終讀者能夠利用所學到的，幫助其他有情緒需要的人。近年香港整體氣

氛較灰沉，大家都經歷困難的時間，情緒容易有極大的波動，幸有萬先生這著作的出現，提醒並引導大家去確立自己，珍視自己的價值。作為一所防止自殺機構的總幹事，豈不感到萬分欣慰？

　　期望萬先生這本著作早日出版，讓本人亦能拜讀受益。

香港撒瑪利亞防止自殺會總幹事

曾展國

序 4

接受與承諾治療應用廣泛

　　萬家輝博士是位有超過 30 年臨床經驗的心理學家，也是我相識 30 多年的好友。他為心理學的普及化不遺餘力，經常在電視、電台、報章及雜誌等講授心理學知識。令我最印象深刻的是，在南亞海嘯發生後不久，他留意到很多在港外傭出現創傷後壓力症，主動接觸有需要的外傭，為他們提供適切的心理輔導。

　　近年他喜歡寫書，把他的經驗和知識教授予治療師和有需要的朋友，他的著作甚多，其中曾讀過《專心一點 1 —— 兒童專注力提升手冊》及《專心一點 2 —— 培養兒童專注力法則》。這次他又有新著作，關於一種新的認知行為治療法 —— 接受與承諾治療。當他邀請我為他的新書寫序時，我不認識這療法，後來經過資料搜集，才知道是結合正念與科學基礎的治療方法，核心理念是：接受你不能控制的事物，承諾要採取行動去改善自己的生活。這個方法可應用的範圍十分廣泛，包括親職教養、情緒管理等。現代都市人經常面對很多精神、健康、情緒等問題，如焦慮、恐慌、慢性疼痛、上癮等。我深信大家非常渴望找到新出路

去解決這些問題。當我知道這本書即將面世，我既期待又鼓舞，
希望能有更多人得到幫助。尤其我是從事教育界的，眼見近年的
社會事件令不少年輕人受到嚴重影響，希望本書能幫助他們重拾
信心，努力地實踐心中所想，迎接更好的明天。

香港教育大學健康與體育學系健康與運動科學講座教授
博文及社會科學學院副院長（研究及研究課程）
香港教育大學基督教信仰與發展中心總監

周鴻奇

序 5

應用在長期病患的治療成果

　　人的一生可能會遇上無數次的困苦和不如意的事情，大多數人慣常選擇對抗或逃避其中所帶來的負面情緒和想法，令自己泥足深陷。香港現今約有 200 萬名長期病患者，他們患上抑鬱及焦慮的機會，比一般市民高一倍，疾病是人生其中一種很大的痛，如果他們可以學會接納這些「不能逆轉的痛」，必定可以減輕當中的苦。

　　香港復康會有幸於 2020 年獲資助舉辦「心靈『承・接』行動（Just ACT! Movement）」計劃，向長期病患者及照顧者推廣接受與承諾治療此嶄新的治療方法。我們強調「接納」—— 無需與疾病產生的負面思想及困擾對抗及糾纏；我們強調「行動」——起步為自己尋找內心的需要，及承諾向人生重要的事情進發。

　　活動發展至今，我們初見接受與承諾治療的成效，參加者開始接受自己的周遭環境不能改變，包括疾病、人生的遭遇等；他們開始接納自己會有思想的糾纏，學習與它們和平相處，學會了

不再花力氣去對抗及控制它們；與疾病共存的同時，開始朝向自己的人生價值行動。有了新的人生方向，參加者的抑鬱及焦慮感分別有明顯減少，自我接納程度及自我幸福感亦有所提升。此新興的治療手法，給予患者及照顧者多一個選擇，去思考應怎樣面對人生。

在此，我們十分感謝萬家輝博士參與及支持此計劃，並邀請本會為此書寫序。這是第一本切合華人社會需要、講述接受與承諾治療理論及比喻的中文書，希望藉此能讓業界多加了解，百花齊放，嘗試在不同受眾上應用接受與承諾治療；同時讓大眾認識此療法，讓有需要人士的心靈能再次啟航，迎向美好。

香港復康會心靈「承・接」行動團隊

自 序
ACT 回應現代人的心理需要

　　過去的一個世紀，主流的心理治療經歷數次重大的改變，自精神分析到行為治療，再到現在主流的認知行為治療，當中的理論基礎與治療手法，都與同時期的社會環境息息相關。

　　今天，世界進入了一個新階段，人對社會、環境、生活方式，都有了不同的看法。生活由貧乏到充裕，再由充裕到簡樸，很多人的價值觀都有了很大的變化，而這亦間接影響着心理治療的取向。

　　就在這個時期，心理治療開始有了一些變化。最近在國內外都興起了以靜觀為本的心理治療，如靜觀認知療法、靜觀減壓療法、辯證行為治療、接受與承諾治療等等，而我就是接受與承諾治療的支持及推動者。接受與承諾治療簡稱 ACT，它主張人無須與困擾的情緒或認知糾纏，更無必要強行控制或壓抑負面的感受；相反人應學習與不同的情緒感受及認知相處，好好接納它們的存在而非將它們拋棄腦外，並減少跟情緒掙扎或搏鬥，騰出時

間並承諾放於對自己人生更有價值的事情之上，使人生過得更有意義。

　　英國哲學家約翰・斯圖亞特・彌爾（John Stuart Mill）曾經提出一個「快樂悖論」（Paradox of Hedonism），當中提出，當人越努力希望捉住快樂，它就越會從人的手中溜走，每當我們將個人感受停下來思考快樂時，快樂的感受便會即時消失。原來快樂只是當生活過得有意義時的額外收穫，而不是人的目標。但無奈世人卻誤將擁有快樂當成人生目標。

　　ACT 某程度上回應着現代社會的改變，我們正面對與從前很不一樣的環境，病毒、封城、污染、暖化、戰爭、對立、燥動不安等等，都成為了現今世界的共有問題，而我們每天面對的問題，亦比從前更加複雜多變。要於這個大時代中安身立命，學會接納及活在當下變得加倍重要。而專注地過着對自己認為有價值的生活，可能才是現化人心理需要的出路。

　　ACT 並非新事物，作為心理治療的一員，它一直未有得到應有的重視。相較其他以靜觀為基礎的治療，例如靜觀認知治療（Mindfulness-Based Cognitive Therapy, MBCT），ACT 似乎沒有太多人關注。其中一個主要原因，相信是 ACT 沒有像其

他心理治療體系有全面系統的介入方法，它更像一種生活態度及價值取向。一直到了最近數年，ACT 才得到更多人認識及學習。在推廣及教授 ACT 的時候，我喜歡盡量減輕探討理論架構部分，如關係框架理論（relational frame theory）或功能情境主義（functional contextualism），更加着重介入手法的運用。在 ACT 的臨床實踐經驗中，除了靜觀練習外，我比較喜歡使用隱喻（metaphor）及故事作治療的方法，我簡單將它們統稱為「比喻」。

古希臘文字 Metamorphoo，是現代希臘文「metaforá」及英文「metaphor」的來源。「metaforá」的意思是「藉由交通工具來移動」，與英文中「metaphor」隱喻的意思看來很不相同，但兩者都包含着「透過某種媒介使事物有所移動或轉換」的意思。在心理治療中使用比喻並不是新鮮事，現代催眠之父艾力遜（Milton Erickson）及隱喻療法的推廣者高柏（Richard Kopp）都曾經提出如果利用個案自己的隱喻來進行心理治療，效果會更有效。

在 ACT 治療過程中，治療師經常會使用「比喻」，來幫助個案明白一些艱深的道理，這種表達方式早在東西方歷史中已出現。在中華文化中，比喻及寓言故事更是我們承傳價值觀及道德的重要工具，很多聖哲對人生的理解，都由比喻及寓言故事世世

代代流傳下來。例如莊子是東方使用比喻的表表者，他有很多故事，例如「無用之用」、「莊周夢蝶」等等，都是利用比喻的方式來解釋深刻的人生道理。當 ACT 要在華人社會中實施的時候，這些故事便成為我們的寶藏。

國外的 ACT 作者專家，早已將一些與西方文化背景相關的比喻故事結集成書，供 ACT 治療師作參考之用。但這些故事因文化上的差異，很多時候與中華文化顯得有些格格不入，部分更難以令個案有共鳴感。因此，我早於 2020 年便希望撰寫一本供華人 ACT 治療師應用的比喻參考書，使 ACT 可以更廣泛及更有效地應用到華人社會，令更多有需要的朋友受用。

非常感謝商務印書館支持我的想法，更感激編輯同事細心的校對及積極的建議，最終令本書可以面世。希望書中的比喻故事可以為讀者帶來一些人生的啟發，並為活在苦困中的朋友帶來一點點曙光。

目 c o n t e n t s 次

1

為甚麼我們感到痛苦？

根據世界衛生組織 2020 年的報告，心理及精神病患佔了全球非致命疾患的 30%，而在世界各地每五個兒童及青少年就有一位患有精神病。抑鬱症影響全球 2.64 億人口。地球每年約有 80 萬人以自殺方式了結生命，即大概每 40 秒便有一人自殺身亡。根據估算，全球因抑鬱症及焦慮症所帶來的經濟損失，每年達到一萬億美元。

可能很多人都會懷疑，為甚麼自己的生活充滿了痛苦及悲傷，這些東西是否真的不能避

免？很多人覺得不論如何反抗，結果都是徒勞無功。即使接受長期的精神及心理治療，也好像不能完全擺脫困擾。其實人與生俱來都是帶着一些遺傳的特性，加上生活環境的急劇改變，那些存在於我們基因中的不完美地方便表露無遺。這的確是現代人的悲哀，也是我們不得不找方法好好面對的原因。

○ 人類負面的大腦

人在很多方面都受到遺傳影響，特別是人的大腦在進化過程中，因為求生的需要，往往傾向專注於危機及負面的想法。大腦會時時刻刻提醒我們，獅子老虎在哪裏；哪些植物好像有毒；哪個人曾經傷害我要小心提防。對於生存而言，這些都是有用的資訊，因此人的大腦與生俱來便對負面的事物比較敏感。可惜的是，大腦卻沒有一個相似的機制來專注及處理快樂和正面的事情。大腦會快速地經驗及處理那些正面資訊，並因為它們對生存沒有太大用處，而丟掉於腦後。

現今生活的人沒有好好理解大腦這個特質，任由它不斷專注於負面的想法，沒有好好照顧及努力保存一些腦內的正面資訊，久而久之，便習慣了生活在負面當中，與它們不斷地糾纏搏鬥。與生俱來的情緒反應成為了自己的敵人，我們無時無刻都要奮戰不懈地對抗着一些自然不過的事情，就好像有人用盡所有力氣，去阻止天空不要下雨一般，結果往往徒勞無功。危機及負面的想

法不僅會給我們帶來情緒上的困擾，更會為身體帶來傷害。例如心血管疾病、過敏反應，甚至一些免疫系統疾病，都與壓力引起的負面反應有關。

○ 活在疏離的世界

　　人類的生存是需要與別人連結起來的。越來越多都市人感受到心理困擾，而引發困擾的原因亦比過往更複雜。在七、八十年代，人的生活比現在簡單，工作、生活方式、娛樂等等都沒有太多選擇，而羣體活動及面對面的社交仍然是大部分人的基本生活方式，人與人之間有比較緊密的接觸。

　　不幸的是，近年科技急速發展，極度數碼化及虛擬化的生活模式，為人帶來方便之餘，也同時帶來了孤獨與隔膜。我們每天的生活都過得十分自我，而跟自己溝通得最頻繁的，原來就是無線電話當中的社交媒體。慢慢地人與人、人與自然、人與自己之間的關係都變得數碼化，慢慢變得疏離。而與生俱來在內心那份愛與被愛的需要，漸漸變成了永遠不可能被滿足的幻想。當在現實生活中無法滿足內在真正的需要時，我們便對社交媒體有更加強烈的依賴，很多人因此時刻都專注於無線電話，彷彿自己的生活，完全都只是在這個小盒子中。其實人內心深處的某些渴望，是需要滿足的，例如人與人、人與大自然之間的真實接觸，與及關係的建立，是無法被數碼影像取代的。真實的接觸為我們帶來

的感受更深刻，一個關懷的眼神、一個真切的擁抱，都能夠觸動我們內心深處，帶來有意義的交流。

○ 沒有意義的工作

　　精神分析學之父弗洛伊德（Sigmund Freud）曾説：「愛與工作是我們賴以為人的基石。」由此可見，工作對我們是多麼重要。歷史告訴我們，人類在進化的過程中，工作與生存是緊緊地連在一起的，工作使人獲得食物之餘，更滿足了人的心靈，有很多人更會將工作中的成就代表了自己整個人生。過去50年在發達國家中，人們工作所獲取的工資都有持續增加，然而工人的快樂程度反而明顯下跌，似乎賺取更多工資並沒有使人更加快樂。不僅如此，今天有更多人都在幹着沒有意義的工作，每天重複着那些與現實抽離的步驟，既看不到工作成果，也得不到滿足的感覺，每天過着營營役役的日子。這種狀況使工作上的怠倦感不斷增加，付出的努力除了換來一點點鈔票外，已經看不到自己對世界的貢獻，也感覺不到世界對自己辛勤付出的道謝。工作上的疏離感，會為人帶來心理上的困擾。慢慢地，我們作為人的一塊基石被破壞得體無完膚，亦難以再於工作上尋回自我和滿足。

○ 對未來沒有希望

人是羣體動物，需要與人建立關係而生存。這是我們先天的習性，也是保障生命的重要手段。然而無數都市人卻在孤獨中苦苦掙扎，無論每天生活日程排得如何充實，都阻擋不了心底的空虛，原因就是缺乏了與別人有意義的連繫。更甚的是，隨着社交媒體的發展，每個人不論對人處事都變得十分以自我為中心，沒有人會安靜下來，好好聆聽別人的意見，慢慢地族羣間出現壁壘分明的立場。緊隨城市快速發展而來的，往往就是族羣利益及立場之爭，激烈的社會比較和個人之間的競爭，使人每天都有追趕不上，以及被淘汰的恐懼，無力感充斥每個人的內心，更與別人失去了關係。

最後因為害怕不斷失望，人們漸漸對未來不再抱有希望，沒有人再敢相信明天會變得更好，每天都是帶着焦慮生活下去。而對未來失去希望，與人的抑鬱情緒及自我傷害行為，有着直接的關係。希望是生存的重要心理元素，它在我們認知及思考中扮演十分重要的角色，特別是當我們遇上挫折的時候。失去希望使人喪失了改變自己的動力，慢慢地便會對自己感覺負面，甚至會產生討厭自己的感覺。

◯ 生命失去方向

　　除了外在環境，都市人的心理質素亦是每況愈下。心理健康的資訊，在過去十數年間被廣泛報導，焦慮、壓力、抑鬱、正向心理等等的概念，人們時刻都掛在口邊。坊間還有很多心理專家、心靈導師等等，指導我們如何可以保持身心靈健康。單在美國一個國家，每年在「自助」工業上便消費了十億美元。然而，不同地區的快樂指數卻不斷下跌，似乎我們對心理健康了解多了，卻沒法保持自己的心理健康。其中一個主因可能是人對生命失去方向，社會的結構及工作的性質，使人的生存缺乏了明顯的意義。加上社會的分化，很多人的內心極度不穩，不安成了新常態。然而當生命失去了方向，人的生活質素便會有十分明顯的下降，而情緒亦隨之受到衝擊。

　　失去方向是一件絕不好受的事情，然而今天這情況卻比比皆是。當人未能為自己定下有價值的方向時，往往會將家人、朋友、社會的一些習以為常的想法，當成了自己實踐的方向，例如：追尋金錢、物質、權力、地位等等，並盡力成為別人眼中的成功者。久而久之，人與自己真實的需要便越走越遠，生活變得空洞並無法從中獲得滿足的感覺。為了逃避這麼難受的空虛感，有更多人會用不同的方式來麻醉自己，毒品、煙酒、賭博、縱慾等等，成為了麻醉劑。

○ 痛與苦的交替

很多人都會將痛苦掛在嘴邊，但其實「痛」與「苦」是不一樣的東西，痛是客觀刺激所導致的身體感受；而苦則是一種主觀的經歷。痛是人類最經常會察覺到的感覺，它會激發人體出現一些反應，來離開痛的來源。痛與冷熱等等的感覺一樣，是與生俱來對環境刺激的感應系統。而苦則可以是一種味覺，也可以是一種主觀的感受或想法。苦味一般形容像黃連、膽汁一樣的味道，與甜味相反。而當苦是一種感受時，它便更像是困擾、困辱的意思。我們可以沒有痛的感覺而有苦的體驗。例如看見街上捱餓的人，我雖然沒有痛，但亦會感到苦。相反，有痛的感覺不一定有苦的經歷，就如一位正在生產的媽媽，她可能正感到十級的痛，但她不會因此而有受苦的經驗，反而內心更可能是充滿愛、滿足和希望。再舉一個例子吧，一位專業的網球手，可能每天不停地重複練習同一個擊球動作，手腳都因為勞損而感到痛楚，但作為專業球手，他必不會有苦的經歷，因為他明白這種痛楚與他的目標是一致的，它或會為自己帶來更大的成就，痛楚的感覺只是一個必經的過程而已。

我們必須明白，人的生命中絕不可能沒有痛，生老病死就是一個痛的過程。然而生活中是否必定有苦，那就值得討論了。香港人有一句俚語，叫「攞苦嚟辛」（自討苦吃），意指苦是一種選擇，它往往是人不知不覺間自己找來的。

○ 希望回復「正常」的掙扎

　　但那麼多人一生中都不斷受苦，有甚麼原因呢？這跟我們醫學發展有密不可分的關係。現今精神科學及心理學，往往將人的心理健康跟身體健康視為相同的東西，兩者都有一種所謂正常的狀態（healthy normality）。因此，當人有心靈上的痛苦時，就被認為與身體生病一樣，偏離了正常狀態。在這個假設之下，人必須努力與痛苦對抗，從而擺脫它對自己的影響，重回身心健康的狀態。

　　現今很多心理治療都建基於這個概念之上，例如認知行為治療，就是希望透過控制想法、行為、感覺、記憶等等，來達到擺脫痛苦及回復正常的目標。另外，現代人也慢慢被潛移默化，相信人生而來是要快樂的，當遇上痛苦悲傷時，那就是不幸及不正常了。在《我的悲傷不是病》（*The Loss of Sadness*）一書中，兩位社會學權威作者指出，現今社會中，有太多生活事件會導致超過兩週以上的情緒低落，這些症狀卻很有可能已經符合抑鬱症在《精神疾病診斷與統計手冊》中的診斷標準。但是這些所謂症狀，其實不僅不是「病態」，還是「正常」得很的反應。

　　有越來越多研究指出，太着意控制內在經驗，或是不斷盲目追求快樂，往往會弄巧反拙，使很多正在痛苦的人換來更大的失敗感及痛苦。既然我們明白有痛不一定有苦，那麼我們就可以有選擇經驗的餘地。這本書就是希望為大家提供一些方法，來好好與痛共處，並告別苦的折騰。

○ACT，學習接納苦的感受

接受與承諾治療（Acceptance and Commitment Therapy, ACT）是近年很受關注的心理治療發展，它之所以引起不同人士的關注，源於它對人的心理問題的成因及處理方法，跟從前有很不一樣的看法。過去對於心理疾病的解釋，往往都由疾病角度出發，將心理的困擾當成一種異常的狀態，又或是由外在引發的心理失調所致。但 ACT 卻提出了另一種解說，並利用了很多東方古老的智慧，來解答心理的困擾。

ACT 認為感受痛苦及悲傷，是人生必須經歷的事情，我們無須控制、迴避或壓抑這些正常的痛苦。取而代之，人更應該學習接納、擁抱這些內在經歷和感受，好好照顧它們，與它們共處，這樣才能使我們更了解自己及我們的價值觀，為未來作出承諾及準備。

可能有人會懷疑，這樣的方式有效嗎？接納痛苦不會使自己更痛苦嗎？這方法未免太過宿命論了吧！事實並非如此。ACT 相信人要有意義及有目標地生活，就必須要學懂如何面對痛苦，在苦難中將注意力放在當下的一刻，察覺思想與感受會隨時間慢慢溜走。孔子曾說「未知生，焉知死」，意思是人對死亡的看法，會影響對活着的了解。而 ACT 也有相近的概念，就是要接納及放下痛苦，人才能找到生命的方向。

因此 ACT 有兩大目標：

◆　讓你有效地處理痛苦的想法與感覺

◆　創造豐富、充實、有意義的人生

曾接觸 ACT 的朋友會發現，在治療過程中會經常使用「比喻」，來幫助個案明白一些艱深的道理。這種教授方式在東西方歷史中時常出現，例如西方的童話故事常常利用比喻，道出不同的道理與價值觀。莊子則是東方使用比喻的表表者，他有很多故事，例如「無用之用」、「莊周夢蝶」等等，都是利用比喻的方式來助人解釋深刻的道理。

國外有作者、專家將一些與他們文化背景相關的比喻故事結集成書，方便 ACT 的治療師作參考之用。可惜這些故事往往與華人文化顯得格格不入。有見及此，我們希望編輯一本供華人 ACT 治療師的比喻參考書，使 ACT 可以更廣泛及更有效地應用到華人社會，令更多有需要的朋友受用。我們也希望這些比喻故事可以為一般讀者帶來一些個人啟發。

2 甚麼把我們困住了?

　　首章我們提到一些原因使人不能自在地活出自己想要的生活方式,其中的思考及認知活動往往不易受控制,例如我們常常會跌入「正常」與「不正常」的二元思維當中,假設了「快樂」才是一種合理的心理常態。當這種假設成為絕對的思想,而與人的現實生活出現差距時,我們便會試圖反撲,希望回復到所謂的正常之中。這種重複的過程,往往會變成內心的拉鋸戰,時刻困擾着我們。那麼要怎樣做,才可以擺脫心靈上的痛苦?要解答這個問題,首先要知道我們被甚麼困住了。

○ 迷思一　生活應該是快樂的

前文已討論，我們很容易被「快樂是常態」這種想法影響，
當感到不快樂的時候，會覺得就是出現了問題。我們十分肯定，
若果要過好生活，就要把負面感受清除，而且人是絕對有能力控
制自己的情緒及思想的。

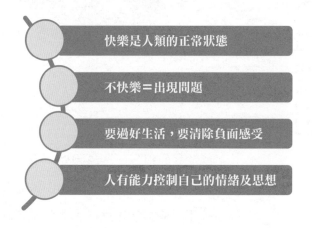

快樂是人類的正常狀態

不快樂＝出現問題

要過好生活，要清除負面感受

人有能力控制自己的情緒及思想

但現實往往事與願違，當我們以為自己理應有能力控制自己
的情緒及思想，但卻感覺控制不了時，挫敗的感受便會隨之而
生。越是努力去控制，挫折便越多，最後跌進永無終止的拔河比
賽當中。更重要的是，快樂通常都是十分個人的，很難跟他人共
享，亦很難讓他人同感自己的快樂，所以通常社會不會認同以這
種快樂為目的的幸福模式。

○ 迷思二　擁有更多就是好

為甚麼我們擁有更多卻更不幸福？這是奧地利哲學家哈洛德（Harald Koisser），在其著作《為甚麼我們明明過得很好卻不快樂？》中提出的問題。在很多情況下，擁有物質或金錢的確可以買到一些快樂的時刻。在現今社會中，若有人説他不想要賺大錢、不想要更大的房子，就好像是他腦袋哪裏有問題一樣。很多人因此都希望擁有更多，甚至乎將所有時間氣力，都放在獲得更多物質生活之上，最終忽略了一些生命中更重要的價值，例如親情、愛情、友情、個人思想等等。

其實只要撫心自問，金錢或物質可以買到幸福嗎？答案必然是否定的。擁有的確可以帶來許多好處，但是我們擁有很多時間，未必一定可以擁有更多快樂。

○ 迷思三　生命中的事都必須完美

自 1989 年至 2016 年間，全球的完美主義者人口大量增加。不論是自我導向型的完美主義者、社會期許型的完美主義者，又或是他人導向型的完美主義者，皆有上升的趨勢。而有研究估計，這是影響心理狀況的主要因素之一。十全十美是不可能的目標，那些偏執要達到完美的人，無可避免地要面對不完美而帶來的挫敗感和心理衝擊。他們偏執於贏得別人的認可，並希望通過

完美無瑕的表現，來證明自己的價值。完美主義者對自己的不完善之處長期地出現愧疚，糾纏於「本應是對的」之沉思，對自己的不足和不稱職感到極大的焦慮，甚至羞愧和內疚。

完美主義者認為不完美就是失敗，亦等於沒有能力。永遠將標準放到最高的時候，恐懼感便會隨之而生，最後更會因為害怕失敗而卻步不前。逃避挫折經驗使人更難從過程中學習與成長，焦慮、羞愧和內疚的感覺便會在腦海中，變成揮之不去的負面想法。

○ 迷思四　必須得到別人的認可

當人全力尋求別人的認可，並只關心別人如何評價自己時，最終他只能過着別人的生活。人希望得到認可的渴望，將導致他們只懂遵循其他人的希望，而成為別人期望的「那種人」。換句話說，我們拋棄了自己的真實身分，過着別人的生活。

當試圖獲得他人的認可時，幾乎所有人都會盡力滿足他人的期望，作為得到認可的手段，這就是獎勵和懲罰理論。如果要獲得獎勵時，就要作出其他人認為是合適的行為。

如果你的目標是要通過滿足其他人的期望而獲得獎勵的話，必定要面對非常大的困難。因為你將時刻擔心其他人對你的看法，並害怕他們對你的判斷，更重要的是，為此你會不斷壓抑自己的「真我」。其實渴望得到別人認可的人，他們大多數都不

是自私或自戀的人。相反，他們都在努力滿足他人，例如父母、伴侶或老師的期望，而飽受痛苦。最終，他們永遠都不能做回自我。謹記人原不應該為了滿足別人的期望而生活，正如別人不是為了滿足你的期望而生活。所以當你身邊的人不按照你的希望而行事時，請不要生氣，那是自然不過的事。

○ 迷思五　資訊越多越好

　　資訊氾濫所帶來的問題，都是影響我們心理狀態的主因。根據美國民調機構 PEW Research Centre 的資料，都市人每天至少有 15 小時，暴露於媒體資訊中，漸漸我們好像無法對抗，只好默默承受。更有研究發現，信息超載的嚴重程度與搜尋者的心理疾病是成正比的，而資訊氾濫亦使人自覺身體健康較差和壓力較大。更諷刺的就是更多資訊，不僅沒有幫助我們決策，反而使人無法集中，癱瘓人的分析能力。

　　除了以上的迷思之外，還有兩個困擾着我們的因素，就是「活在驚慌之中」與「心理僵化」。

○ 活在驚慌之中（F. E. A. R.）

很多人都活在驚慌之中，而驚慌的英文是 FEAR，這四個英文字母同時可以代表四個引發我們困擾的主要原因：

1. 被想法混淆（Fusion with your thoughts）

當我們陷入困境或遇到障礙時，便會以為因困境而引起的負面想法就是事實的全部，最後任由這些想法主宰了我們的感受。有時候我們會跟負面的想法搏鬥，用盡力氣來否定或消除它們，結果跌進無止境的搏鬥之中，情況就如跟自己拔河一樣，永遠都沒有勝出的可能。時間過得越久，人便越覺得生活沒有意義。

2. 過大的目標（Excessive goals）

每個人或多或少都會為自己訂立一些目標，這是生活中重要的事情。但有很多人往往因為目標定得太大太遠，自己卻缺乏技能和資源去達成目標，最終便會放棄。久而久之，我們便不再為自己定下方向，更不會為目標努力行動，每天過着沒有方向和焦點的生活，慢慢人便會變得麻木，沒有動力之餘更會失去技能。

3. 迴避不好的經驗（Avoidance of discomfort）

人們一般都希望活得快樂，但很多人對快樂的定義都十分片面，現今的文化更將快樂説成是生命的最終目的。久而久之我們便會覺得快樂是必須的，追求快樂也成為很多人的座右銘。無論是物質上或是精神上，我們都希望得到更多，因此便不願意面對

因挑戰或挫敗所帶來的不適感覺，選擇逃避，或預計新經驗會帶來不好的感受而逃避嘗試，這樣便失去了學習新技能及成長的機會。

4. **遠離價值**（Remoteness from values）

面對每天的煩瑣生活，以及太多令人分心的事物，我們很容易忘記了甚麼事對自己來說是重要或有意義的，亦會因此失去了生活的動力。

○ 心理僵化（Psychological inflexibility）

人每天都生活在很多假設之上，例如有些人相信過去的創傷經歷，會使自己永遠不能獲得幸福快樂；又或者有人相信得到伴侶的關心與愛是必然的。很多人面對生活的方式和作出的選擇，或多或少都與這些假設有關。

另外是語言帶來的問題。語言是人類思想的媒介，是十分獨特及重要的。社會的文明及科技發展，都源於語言的出現。不過語言建構了人類的成功，亦同時帶來了很多痛苦，[1] 因為人很容易被習以為常的思想規範了對事物的觀察以及情緒的感受，阻礙

1　ACT 是一種功能情境的治療方式（Functional contextual therapy approach），以關係架構理論（Relational Frame Theory, RFT）作為主要基礎。因為這兩個概念及理論比較複雜，現不會詳細討論，有興趣的讀者可看參考書目（頁 183）。

了對事物觀察的客觀度，甚至會被思想限制了情緒反應的可能性。例如當人相信只有擁有更多才算幸福，那麼當他在欠缺的環境下，便很難感受到簡單生活亦可快樂。

除此之外，人的心理問題及困擾亦受其他因素影響，其中之一是心理僵化。它由以下六項特徵組成：

1.活在過去或未來（Dominance of the conceptualized past or future）

2.認知混淆（Cognitive fusion）

3.經驗逃避（Experiential avoidance）

4.概念化的自我（Attachment to the conceptualized self）

5.價值觀不清（Lack of values clarity/contact）

6.不能實踐的行動（Unworkable action）

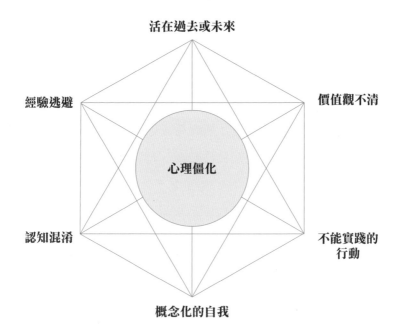

1. 活在過去或未來（Dominance of the conceptualized past or future）

很多人都不習慣活在當下，反而選擇沉迷過去或擔憂未來。過去的事情已經過去，不論當中有多少得失悲喜，我們都無法改變。不斷計較或後悔過去的痛苦記憶，會令自己陷於困境。至於未來，我們更加無法預計，不斷與自己的過去或未來戰鬥，會使人跌入思考陷阱當中。心理學其中一位宗師阿德勒（Alfred Adler）曾經指出，我們的過去絕不是影響我們如何生活的原因，主宰着我們一生的其實是此時此刻的決定。在後悔過去或擔憂未來的時候，人根本無法獲得自由，我們只能不斷糾纏於負面的思考當中。

另外，很多活在過去或未來的人都有一種恐懼，當他們自由地活在當下的時間，因為無法得知將會有甚麼事情發生，這種無法預計的感覺使他們害怕面對當刻的自己與其他事物。他們會選擇回到比較熟悉的過去或未來的思考框框當中，這樣就能夠預計最壞的情況，這也是為甚麼那麼多人會選擇活在過去或未來的原因。

2. 認知混淆（Cognitive fusion）

簡單來說，人的思考及認知主要受語言規則主導，當語言規則顯得混淆或不完整時，往往會使人對現實的理解出現誤差，又或是執着於某些想法。

處於這種狀態時，可能會出現以下一些想法：

◆　這想法絕對是真確的

◆　這想法是必須遵守及服從的

◆　即使有些事情會帶來傷害，亦不願意放棄這個想法

例如我們經常都會聽到「性格外向的人才會受別人的歡迎」這句話，因不同的媒介對這個認知有太多的吹噓，很多人都認為這想法絕對是真確的。但如果一位性格內向的人相信及服從這個認知的話，他便很容易會討厭自己的性格，並會產生負面的情緒感受，最終甚至出現逃避他人的行為。即使如此，性格內向的人亦只會認為是自身性格的問題，而不會放棄這個想法。

3. 經驗逃避（Experiential avoidance）

經驗逃避是指就算知道長遠或會對自己造成更多傷害，人仍然會試圖避開不舒服的思想、感覺、記憶、圖像和身體感覺。例如明知運動不足會為健康帶來負面影響，但很多人仍然會為了逃避辛苦而不做運動。

4. 概念化的自我（Attachment to the conceptualized self）

在人的成長過程中，最重要的一環是自我形象的建立。在成長階段的初期，人經常用語言來建立自己的身分。例如：「我是一個女孩子」，「我要做一個乖孩子」。因此我們都有一個「故

事」。我們會告訴自己是誰，來自哪裏以及為甚麼我們成為現在的自己。這些故事包含客觀及主觀的事實，當我們過於依戀這些「身分」和「定義」時，自我的故事就會變成問題。

5. **價值觀不清**（Lack of values clarity / contact）

現今的世界有很多紛擾，我們每天都要面對不同的挑戰。太多東西蒙蔽我們的心靈，久而久之人與自己便慢慢疏遠了，我們不再了解自己真正的需要，更不知道自己的想法及相信的價值觀。很多人相信「擁有」便是生活的目標，金錢、名譽、利益、權力、青春等等，都是很多人賴以為生的價值觀，每天都在不斷為這些東西奮鬥。

然而當人對自己越不了解，就越加沉迷於外在的東西。當我們對自己的思想、信念或態度感到困惑時，人便會迴避面對自己，更加會迴避經驗，因為經驗會對那些虛幻的價值帶來衝擊，內心深處便會感到迷失或恐懼。

當人沒有確立自己的價值觀，並盡力使行為與這些價值觀保持一致時，就會失去作為人生指標的價值觀。

6. **不能實踐的行動**（Unworkable action）

當行為模式使我們脫離了正念或有價值的生活時，這些行為會使人陷入自我挫敗及掙扎當中。當人選擇以被動、衝動或自動的方式行事時，他們便會離開以當下為中心的正念生活。例如人

若只懂得被動地為過去的錯失而不停補救或贖罪時，他便很容易忽略了當下有些更有價值的人和事，可以使他的人生變得更加滿足。

3 別將你的生活變成戰場

○ 戰場一 「心靈細菌」的戰場

我們都曾經有過生病的經驗，當遇上病魔的時候，身體的免疫系統都會努力奮戰，全力對病菌作出還擊，一直到戰勝後身體回復健康為止。這是很多人對健康的理解，而精神及心理健康亦常常被如此看待。

在大多數人的觀念中，悲傷、焦慮、痛苦等負面感受，往往會被看成是「心靈細菌」，它們是一些外來的有害物質，入侵我們的心靈，將我們由一個心理健康的人，變成了患

上心理疾病的人。我們應該全力以赴將這些心靈細菌打敗及趕出身體之外，使我們心理重獲健康。

這種普遍的觀念已經深深植入一般人的認知當中，很多傳統的精神及心理治療亦是建基於這個觀點之上。例如常見的認知治療及精神動力治療等等，都十分着重診斷及辨識病徵，希望透過這些病徵來了解個案的健康狀況，並制訂出消除負面思想及感受的方案。

但 ACT 對心理及情緒困擾，有另一種看法。ACT 相信無論是甚麼樣的情緒及思想，都是一個整體的部分，並沒有屬於或不屬於自己之分。這個説法源於人類進化的過程中，我們的祖先及其他動物都有與生俱來察覺危險及逃避痛楚的天性。我們都沒有能力去壓止這些自我保護的傾向。對人類來説，因為有了語言的能力，使我們會用語言文字來思考。結果，這些與生俱來的自我保護傾向，與我們的語言及思考結合在一起。換句話説，人對於這些思想及情緒，其實沒有太大的控制能力。

◯ 戰場二　與自己拔河 ── 一場註定失敗的比賽

我們都曾經有過情緒的困擾，每當一些負面思考及情緒出現時，都會設法消除這些感受，用盡所有方式對抗，希望不再受到

困擾。而當人越是找尋痛苦或困難的解決方式時，越是受到它們的影響，慢慢便掉進一個沒有終點的惡性循環當中，情況就像是自己與自己在拔河，左手與右手分別拿着繩的兩端，越是用力拉動繩尾的一邊，另一邊就越將自己拉倒。結果所有的力氣都在這拉與被拉的過程中完全消耗，直到身心都無力支撐而倒塌下來。

　　跟自己拔河般的搏鬥，是一場註定失敗的比賽，原因是抗爭的對象，其實就是自己。無論正面或負面的思考及情緒，都源於我們內在的感受，都是我們的一部分。用盡力量去否定屬於自己的思考及情緒，往往都是徒勞無功的。情況就如一隻小狗不喜歡自己的尾巴，每天都追着它希望將它咬掉，結果小狗每天都在團團轉，活得全無意義。

　　因此，即使是一些負面的思想及情緒，都是屬於我們的，而人沒有可能更沒有必要將這些東西從腦海中移除。相反，我們更應好好觀察及照顧它們，使人生不會跌入無止境、亦沒法取勝的自我戰爭當中。

○ 戰場三　堅決打敗自己的負面情緒

　　對很多人來說，負面情緒是一種十分差勁的經驗。特別是當每件事情都感到不妥（feeling not OK）的時候，情緒便容易每況愈下。當情緒越壞，對於身邊所有事情又會更感不妥。這個惡

性循環，便是困擾着很多人的原因。有心理學家指出，我們應該好好學習「雖然是感到不妥但是沒有關係」（feeling OK about feeling not OK），才能擺脫這個困境。

關於負面情緒對精神的影響，曾經有研究評估了千多人，了解他們對負面情緒的接納程度、壓力水平及心理狀況。結果發現對負面情緒越接納的人，他們的精神狀況便越良好。跟進研究更加發現，習慣接納自己情緒的人（不論是正面或負面），他們在經歷壓力測試後的六個月，精神狀況亦會比較好。實驗結果明顯指出，經歷負面情緒或壓力，未必一定會有負面結果，反而如何理解事物，及是否接納自己的負面情緒，才是問題的關鍵。

佛學早已提出兩個十分相近的觀念，就是執着和放下。佛學相信，當人遇上痛苦的時候，若不斷執着於痛苦的原因及尋找解決方法，往往只會使痛苦不斷延續下去。反而學曉把痛苦放下，將之視為人生必經的過程，並將它當為平常事，與它和平共處，它便會慢慢離開。ACT 相信學習接納痛苦是人生必經的過程，並向自己承諾為有意義的事而努力，這才能成就一段有價值的人生。

生老病死這四苦是人生必經的過程，無常的困難及挫敗更是每天都會發生，但現代人往往視而不見，誤信快樂才是與生俱來的權利，耗盡一生去尋找快樂，並執着於如何追求一段沒有痛苦的人生，偶爾遇上不如意便跌進了負面情緒的惡性循環當中。當明白 feeling OK about feeling not OK 的道理後，我們的人生才能更加圓滿。

○ 戰場四　逢痛必苦的鬥爭

　　首章提到痛和苦的分別，現在讓我們再了解多一點。ACT 相信痛苦是人類共有的經驗，世上沒有人可以活在沒有痛苦的生活之中。中文的「痛」與「苦」，跟英文的 pain（痛）及 suffering（受苦）十分相似，分別代表兩個狀態：痛是一種生理或身體上的感受；而苦則是對痛的回應及態度。在 ACT 的治療中經常會向個案提及：「痛」很多時候是不能避免的，但「苦」卻是可以改變及演化的，因此有痛不一定會苦，無痛也不一定不苦，箇中完全取決於個人的態度。

　　人生在世，除了「跟自己在生活中戰鬥」或「活在自己的生活中」這兩個選項之外，其實有第三個選擇，就是「活在一個有價值的生活中」。既然痛是避不了，而苦又是一種態度，那麼我們可以往前多走一步，選擇活在一個有價值的生活中，活出自己的生命意義。

　　讀到這裏，你可能已經發現，ACT 不是為你提供解決問題方案的心理治療，更像是指導你改變生活方向，及實踐生命價值的一種導修過程。ACT 相信接納不同的情緒及思考，並訂立可以完成的人生目標，這才是更適切的方法，來解決現實世界中人們遇上的問題。

○ 戰場五　保持心理正常的決戰

　　前文講述受苦這個概念之外，ACT 對所謂「正常」（normal）也提出了與眾不同的解釋。在第一章，我經常會用「不正常也是一種正常」這句話來形容這個概念。有別於身體的健康狀態，何謂心理健康並沒有明確的標準。血壓 80/120 或體溫 37℃，就代表身體基本運作正常，若這些指標偏離了標準，便反映身體出現不正常的情況。

　　但心理健康在很多方面卻是另一回事，例如持續了兩個星期的悲傷，是否就必定代表患上抑鬱症？是否存在正常的悲傷？悲傷的感覺會受到很多文化因素與個人差異影響，大多數人遭逢重大壓力時，都會產生類似悲傷的哀悼及失落等的反應（mourning）。哀悼及失落是一種生理決定的正常反應，雖然它會使人痛苦及困擾，然而悲傷過程中伴隨的混亂和憂鬱情緒，很有可能有助於適應當前的困境。精神分析大師弗洛伊德於他的論文〈哀悼與抑鬱〉（Mourning and melancholia）中曾經提出：「雖然哀悼會讓生活態度偏離正軌，但我們絕不會視之為病態，也不會轉介給醫療處置。」

　　人對環境的認知及反應，永遠都不會一面倒是正向（positive）的。例如當我們身處一個陌生的環境，心理上便會自然而然地出現焦慮，這是人類與生俱來的保護作用，是一種自我防衛機制，是千百萬年來從我們的祖先遺傳下來的能力。因此出現焦慮反應

不等於我們精神失常，相反當我們身處危險卻沒有焦慮，那才是不太正常。ACT 相信將心理正常與身體正常完全對等，有其不妥當的地方。

我們必須了解，思考及認知活動有其不能「被控制」的性質，亦即是不論正面或負面的想法，都會自然而然地在我們腦海出現，它們往往是不受管束，亦不能被掉到腦後。最佳的處理方法，就是了解思考及認知的本質，並好好與它們共處。更重要的是，我們如何接納悲傷、焦慮、痛苦等負面感受，成為我們整體的一部分。

◯ 戰場六　只能擁有樂觀的心態

過去十數年正向心理學崛起，坊間甚至學界出現了一個我稱之為「正向現象」。任何事情只要加上「正向」二字，立即變得積極及有希望，例如：正向親子管教、正向思維、正向教育、正向管理等等。似乎凡事只要我們向好的方面想，便會有一個正面的結果。

雖然很多學者及心理學家對此現象有很多質疑，但礙於「科學問題須用科學解決」的前提下，一直都沒有太多數據反證「正向」現在所帶來的問題。不過最近有很多出色的心理學家及腦神經專家開始為此進行有系統的研究，並發現了思想正向的人也有很多缺失。

　　泰莉・夏洛特（Tali Sharot）是一位在這議題十分權威的學者，她提出了樂觀偏見（The Optimism Bias）現象，指出很多人因為過分樂觀，而低估負面事件發生在自己身上的可能性，並且相信自己比其他人有更少機會遇上不好的事。Sharot 的研究結果發現，與實際數據相比，大多數人都低估了自己離婚、失業及患上癌症的可能；同時亦高估了自己孩子的智力及自己成功的機會。當被問到預期的壽命時，他們的估計比實際平均壽命多出二十多年。不要以為這些偏見只會在沒有人生經驗的青少年或小孩身上出現，研究發現 60 歲以上過分樂觀的成人也不見得更清醒。

　　有些人覺得這不算甚麼，就算對人生大事估計失準，也屬無傷大雅，只要感覺快樂便已經是好事了。雖然樂觀偏見於心理上可能為人帶來正面的感覺，但往往就是因為這種偏見，使人低估了危險事情出現的機會。例如對預防疾病、健康狀況、身體檢查、生活習慣的自我約束等等，都會因為我們過於樂觀而被忽略了。

　　另一位心理學家托特・卡森丹（Todd Kashdan）亦提出了一個理論，使人更了解快樂、痛苦、善良及不善良等等的價值與生命的關係。他的研究發現做完整的人，比做善良的人，更能推動成就及滿足感。他指出完整的人生不會只有快樂，還充滿了很多負面的感覺及事情，而人將生活中的正面及負面的感受都好好

體驗及接納，才能成就一段充實及滿足的人生。

他也指出正向和樂觀只是佔了成功因素的 80% 左右，而人若能夠擁抱其他的負面狀態，才能得到另外 20% 的優勢。例如對自我有所懷疑的人，他們會更有動力去適應各種改變；感覺焦慮與懷疑的時候，我們會更關注事情的每一個細節；遇上不滿而憤怒的時候，我們會更敢於捍衛自己的信念。

只有接納這些負面的感受，我們內在的潛能才能夠加以發揮。如將這種接納的心態放於生活上，我們大可不必因為擔心失敗而拒絕冒險；反之我們更應該珍惜改變所帶來的焦慮與不安，因為這些感覺會為你帶來改進的推動力。

切記，我們無須時刻都執着追求快樂，更不要因為痛苦而感到過分難過，擁抱及接納生活帶來的一切，才能成就一段滿足及有意義的人生。有些時候允許自己有一點不善良，才能找到被討厭也能堅持下去的勇氣。

即使面對無望的局面，面對無法改變的命運，我們都可以在生活中找到意義。重要的是，要充分發揮人類獨特的潛力，將個人悲劇變成勝利，將困境從人類苦難轉化為成就。當我們不能改變局勢時，試設想此為一種無法治癒的疾病，例如無法以手術來清除的癌症，面對此狀況，我們就面臨着改變自我的挑戰。

○ 你可以結束這場戰事

　　我們可能在不知不覺間，便已經把生活變成了以上所説的戰場，每天不停地奮力戰鬥，使我們身心俱疲。可悲的是，每一個戰場上的對手卻原來都是我們自己，那些困擾的想法、悲傷的情緒、可怕的回憶，時刻都好像在攻擊着我們，我們只可負隅頑抗。其實與自己對戰是一場注定失敗的比賽，最終戰敗的永遠都只會是自己。若果我們不了解這是一場永遠不會勝利的抗爭，最終只會被自己的想法及情緒打敗，而埋葬在生活之中。

　　接受與承諾就是此困境的出路，接着我們會學習如果透過觀察與練習，來帶領自己在生活中結束這些戰事，能夠重新活過來。

接受與承諾，帶我們衝出困境

人能否好好活着都取決於一些元素。除了基本的溫飽之外，我們還有明白生命及實踐自己價值的需要。

很多人都會對「接納」有所誤解，以為接納就是逆來順受的意思，但其實並非如此。在每天的生活中，我們都會發現自己有很多不同的思想及情緒，很多外在或內在的元素都會挑起我們的認知及情緒反應。不論這些反應是正面或是負面，都只是反映當下出現的內心狀態，都是我們的本能。「接納」的

意思，就是要察覺及接納這些思想及情緒，不須執着它是正面或負面，就讓它們出現並察覺它們的消逝。

　　前文討論過痛與苦的差異，痛是一種生理反應，當身體受傷，我們沒有辦法逃避痛的感覺。但只要我們接納痛，察覺它出現到消失，不要沉淪於其中，那麼我們便不會苦了。其實人有很多習以為常的認知及概念，會使我們不能接納自己，例如：

悲與傷　　人生必然有悲，但卻不定要被它所傷（sadness + hurting）

哀與怨　　人生必然有哀，但卻不定要心裏埋怨（sorrow + blaming）

憂與鬱　　人生必然有憂，但卻不定要鬱鬱而終（worry + glooming）

驚與慌　　人生必然有驚，但卻不定要慌亂無章（shock + panicking）

　　悲、哀、憂、驚，都是我們不可避免的情緒，只要學習接納它們，將自己安定下來，便不會跌入傷、怨、鬱、慌的困境。學習接納與生俱來的自然情緒是重要的一環，與其用盡力氣排斥那些困擾自己的思想及情緒，倒不如確認它們必然存在，並學習開放地觀察及接納它們，了解它們也會必然地消失。深刻地體會各式各樣的思想與情緒，都會因為某些刺激而出現，也會因為我們好好接納它們而消失。

○ 壽司的比喻

以下用迴轉壽司作比喻。想像你進入了一間迴轉壽司店，坐在迴轉帶前面的座位。你看到迴轉帶上有各式各樣的壽司，有很喜歡的，亦有很討厭的。不論是哪一種壽司，它們都總會在不經不覺之間轉到你面前。你清楚明白那些你不喜歡的壽司，只要你不主動從迴轉帶上拿起它們，放在自己面前，它們便會慢慢離你而去。

我們的思想及情緒就像是各種壽司，它們在腦中的迴轉帶上來來回回，只要我們開放自己，好好觀察，而不去主動拿起，它們便會在眼前消失。當遇到很難面對的思想及情緒時，我們亦可以試着將它們從自己身邊放回帶上，讓它們慢慢過去。

「承諾」又是甚麼？在煩擾的生活中，很多人偶爾都會有營營役役的感覺，每天在工作上打拼，為口奔馳，夜深人靜不免會反思自問，究竟自己是在生存還是生活。生活需要目標、需要有價值，而跟「存」字不同，「活」字有成長、移動的意思，因此人要有意義地生活，就必須要認清自己所相信的價值觀，為此定下目標並承諾作出相應的行動。很多被認為是偉大的人，都是因為他們為自己相信的事情而奮鬥，就算最後一切可能徒勞無功，但他們活出了自己的承諾，便已經是「活着」了。

人生總不可能沒有困難或艱辛，不如意事十之八九也須要我們去面對及克服。只要學會接納一切思想及情緒，明白它們都是流動不休的，並且承諾為自己所信仰的事情努力以赴，那麼要衝出困境亦未必是很困難的事。

○ 加強我們的心理彈性

在第三章，我們討論過「心理僵化」的特徵，以及是甚麼困住了人。ACT 的治療目標，就是要改變人的「心理僵化」，使人能夠擁有「心理彈性」（Psychological Flexibility）。

心理彈性是一個心理僵化的相對概念，指一個人能夠：

1.充分活在當下及接觸當下，不會跟內心的困擾奮戰；

2.為了價值方向有意識地改變或堅持自己的行為，也就是為了價值夢想，實事求是，靈活改變或堅持不懈；

3.適應環境變化的需要，靈活調配心理資源，靈活轉換視角，平衡競爭的慾望需求和生活各個領域的能力。

簡單而言，當人擁有心理彈性時，便可以活在當下一刻，同時察覺自己的思想和情感，不會試圖改變或控制那些「不想要的內在經驗」（unwanted private experience），亦不會被那些經驗控制。在這種更自由的狀態之下，人便可以用行動來實踐自己相信的價值。

　　要達致心理彈性的結果，ACT 提出了一套改變的理論，包括六個相關聯的歷程。這六個歷程可以理解為不止息的心理活動，它們是動態而非靜止的。

1. 接納（Acceptance）
2. 脫離糾結（Cognitive defusion）
3. 與此時此刻連結（Contacting the present moment）
4. 超越自我的觀察（Self-as-context）
5. 確立價值觀（Values）
6. 承諾的行動（Committed action）

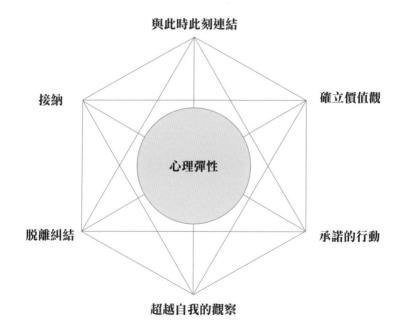

1. 接納（Acceptance）──

從控制及抵抗，到願意察覺及接納

相對於心理僵化中的「經驗逃避」，就是接納。接納所有思想及情緒的存在，不會試圖改變或控制那些「不想要的內在經驗」，亦不會被那些經驗控制。例如當某人在工作遇到重大挫折，使他對自己的能力產生了懷疑，心底便可能出現自卑及無力的感覺。若他不斷受這種感受困擾及影響，這便是他「不想要的內在經驗」了。相較於執着及反抗這經驗，我們更應該擁抱它，察覺它們其實是一些在此時此刻、出現在我們思想河流中的過客。接納並不是忍受，更不是投降，忍受及投降是一種被壓迫的反應，是身在其中而無能為力。接納則是一種主動的行為，而非單純的感受或思想。接納是我們選擇接納那些不想要的思想與情緒的存在，不跟它們糾纏，更不會嘗試去扭曲、改變或逃避它們。接納就是如實地察覺，並與之共處。接納是須要學習及練習的，經常練習能令我們更有效地察覺那些不想要的內在經驗，與它們共處，並不受它們影響。

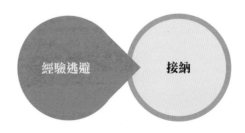

經驗逃避　　　接納

2. 脫離糾結（Cognitive defusion）——
減少過度依賴語言

相對於「認知混淆」，就是擺脫思想上的糾結。學習使用不同的方式，令自己與負面想法、影像、情緒與記憶等內在經驗，減少過度的糾結。我們對外在世界的觀察，是大腦感知、思考及分析之後的結果，而非客觀存在的本身。思考跟語言息息相關，會受到文化、經驗、知識等等的影響，不斷改變不斷流轉。正因思考會受到環境及時空的影響，與真實客觀的世界必定有所差距。負面思考可以理解為一連串概念，它們在這特定的時空出現，與真實的世界是有差異的，未必反映現實世界。要脫離思想糾結，便要明白語言和思考的限制，不要過度依賴或信任語言，做成認知混淆。

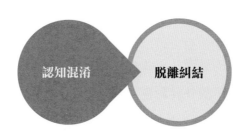

3. **與此時此刻連結**（Contacting the present moment）──
活在當下

相對於「活在過去或未來」，就是與此時此刻連結。練習覺察、活在當下、開放、好奇及接納的能力，使自己時刻都能夠活在當下。這種狀態有助我們覺察到內與外正在發生的事情，也能讓我們更貼近現實世界與自身的行為及感覺。一般而言，我們會透過正念（mindfulness）等等的練習，使我們與此時此刻連結。

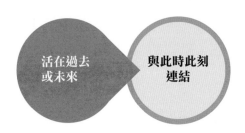

4. **超越自我的觀察**（Self-as-context）──
認清那個不受外界影響的永恆的自我

相對於「概念化的自我」，就是超越自我的觀察。能夠用超越自我的角度，來感覺與了解自我，以及感受到的經驗。概念化的自我是由身分角色、自我形象、階級等等建立的。例如成績差勁的學生會將自己定義為沒有用、不上進及懶惰的人。但這不僅未必是事實，更會造成一種思考、感受及行為的圈套，使我們受

制於一些空洞的規範當中。特別當真實感受與這個概念化的自我有出入時，人便會做出非自主的行為。

超越自我的觀察是不止息的，對此時此刻以不批判的態度來觀察，是一種直觀的描述，例如：「我現在有『我是一個沒有用的人』這個想法！」這樣與「我想我是一個沒有用的人！」兩種説法對自我的傷害有如天壤之別，前者在描述一個想法，或對或錯，比較容易糾正，後者是一種對自我的批判，傷害較大。

5. 確立價值觀（Values）——
認清個人的價值觀及人生目標

相對於「價值觀不清」，就是認清價值觀。深刻地了解自己的信念及價值，認清甚麼事物對你來説是真正重要的。價值觀不是工作目標，也不只是感覺或理念。價值觀與擁有沒有關係，例如「我想成為百萬富翁」就絕不可能是價值觀。價值觀可以理解為生命中時刻都希望實踐的東西，它指引及領導我們的思想及行

為模式，它更像人生命中的指南針，告訴我們活着的方向，給予我們比良好習慣和正面情緒更高的生命指導。當人認清價值觀之後，我們的思考、情緒及行為都會因而改變。

6. 承諾的行動（Committed action）──
為建立一個有意義的人生而努力行動

相對於「不能實踐的行動」，就是承諾的行動。對自己承諾，為定清的價值觀作出實踐的行動。承諾的行動包括了訂定可達成的目標及實施的途徑，使人可以計劃每天的作息，及須要學習的知識與技巧。承諾的行動因人而異，沒有兩個人的行動計劃及實踐方式是完全相同的，每個人都應該因應自己的價值觀、擁有的資源，來制訂自己承諾的行動，而重點是計劃必須是可行及帶有鼓勵性的階段結果。

○ 學習正念

要做到以上六點，我們須要學習很多不同的技巧，當中最重要的就是正念及使用比喻。很多人都曾聽說正念，可能還聽過其他相似的，如靜觀、冥想、禪定等等，請不要介意這些不同的名稱，本書會使用「正念」作為 mindfulness 的解釋。正念是 ACT 重要的一環，它的意思是「以彈性、開放和好奇的心來集中我們的注意力」。它是一個放下執著的過程，讓我們有更廣更大的心理空間，來觀察自己及世界。因此正念也可以理解為：

♦　**一段覺察的歷程，而非思考的過程**

覺察跟思考不同，前者不具備組織性或方向性，而正念只是一種直觀的領悟，既沒有分析，也不會對任何經驗作出判斷。

◆ **一種開放、好奇而不執着的態度，不是去逃避或對抗**

好奇的態度就是冀望不同經驗的機會，用開放及不帶前設的方式來接納經驗，好讓自己更深入了解一切。

◆ **一種有彈性的注意力**

有彈性的注意力是沒有既定方向的專注，無論經驗是正向或負面，我們都可以注意到它們的出現及消失。

坊間有很多文獻及影片，教導如何練習正念的方法，本書不會對此有太多着墨，讀者可以自行尋找相關的詳細資料。在此我們會介紹兩類治療師比較常跟個案使用的練習方法。

1. 專注身體的正念法

我希望我們花一點時間，嘗試專注於我們當前的經驗。請你先坐在一張合適自己的椅子上，輕輕地低頭，專注地看着地板上的一點。當你深呼吸時，看看是否可以意識到吸入和呼出的感覺。然後開始注意你的身體貼着椅子的感覺。嘗試注意身體所有接觸到椅子的地方。請想像你有一支粉筆，你可以移動它並勾畫出身體所有接觸到椅子的地方。完成之後，你可以看到你與椅子接觸的形狀。

現在注意雙腳接觸地板的感覺。看看你是否真的踩在地板上，感受到重力。接下來，我們將繼續注意你體內正在出現的各種感覺。讓我們開始從腳底移到小腿和膝蓋。注意肌肉，以及衣服在皮膚上的感覺。試試微微提起雙腿，並留意你臀部的感覺，

然後慢慢放下雙腿。

當你繼續將注意力向上移動到背部和腹部時，你絕不須要對任何感覺進行分析或評估。記住，那些只是感覺，無需加以判斷。如果你察覺任何地方感到不適或緊張，只需回到呼吸當中。將你的注意力通過腹部和胸部，向上移動到上背部，看看你是否留意到平常沒有注意的感覺。接下來，開始將你的注意力轉移到頸部和喉嚨，讓自己接觸任何存在的感覺。

最後，抬起頭和臉，注意頭皮和皮膚的感覺，以及你之前曾遇到的任何緊張的地方。現在，我們將安靜地坐幾分鐘，然後請你看看是否繼續注意到甚麼。如果你開始被其他想法分了心，只要將注意力回到最初看着地板上的那一點，然後再回到身體內在的感覺。

2. 專注呼吸的正念法

我們將注意力放在此時此刻，我想請你集中呼吸幾分鐘。當你坐在椅子上並準備開始練習時，請將注意力轉移到呼吸上。你吸入一口氣，注意可以舒適地擴展胸膛，留意呼吸時的肺部以及肌肉，和它們跟空氣的相互作用。繼續深呼吸。

現在，你可以回到呼吸中，不太淺也不太深地呼吸，注意你的鼻子、嘴巴、喉嚨和胸膛發生的感覺。呼出時空氣在肺中迴旋，然後上升並通過你的喉嚨，慢慢呼出。當你呼入和呼出時，專注這些感覺。

現在將注意力從身體轉移到注意空氣本身。例如，看看你是否注意到呼出的空氣比吸入時溫暖一點。現在，我要安靜幾分鐘，讓你全神貫注在呼吸的經驗，這是一個機會，無論你是否選擇意識到那些身體上的感覺，都請你記住所有發生的體驗。

◯ 使用比喻

在 ACT 治療上，學習使用比喻才是本書的重點。童話及寓言陪伴很多人成長，很多艱澀的道理，我們都是從閱讀童話及寓言故事中學懂的。例如從孔融讓梨的故事中學到禮讓；從華盛頓與櫻桃樹的故事中學會誠實。這些例子都說明了人能夠從比喻當中，學到生活上重要的道理及人生觀。比喻是一種智慧，是前人生活經驗的結晶，它們世世代代地流傳下來，使我們從生動及有意義的故事中，學習不同的技巧及智慧，來面對不同的挑戰。透過比喻或有寓意的故事，我們可以學習到使用不同角度來觀察事情，從而開放了思考的空間。另外，比喻更可以協助我們抒發情緒，疏理自己日常不敢接觸的感受。

比喻亦早已成為心理治療的一種方式，當中包括了由病者創作的比喻，及由治療師準備的比喻。比喻治療已經有很長的歷史，近年亦有很多研究討論在心理治療當中使用比喻，在後面的章節會再深入介紹。

5

比喻，我們從小便曉得的力量

「尤為重要的事情是掌握比喻。」

亞里士多德（Aristotle），《詩學》（*Poetics*）

我們都愛聽故事，尤其是有趣的故事，不論是透過文字或是影像，故事中的比喻（metaphor）都可以讓我們學懂很多價值觀及道德觀。比喻就是一個個迷你故事，將複雜的問題簡化，抓住重點，帶大家進入熟悉的模式之中，令人明白背後的深意。因此不論甚麼年齡背景的人，都會接受比喻。

○ 比喻是甚麼？

Metaphor 在希臘語有「轉換」、「之間」及「帶有」的意思，代表在溝通及交流中，將意義由某事物轉移至另一事物之上。因此比喻可以理解為「將事物和語言的表面含義，轉化成另一個帶有相似含義之事物和語言」的過程。比喻可以用在比較兩個無關連的事物之上，造成修辭上的轉義現象。

比喻的基本結構可以分為三部分：本體（被比喻的事物）、喻詞（表示比喻關係的詞語）和喻體（打比方的事物）。而比喻一般可分為明喻、隱喻及借喻三類。

◆　**明喻 = 本體 + 喻詞 + 喻體（喻詞有：像、如、若、似）**

例子：愛情走得太快就像龍捲風。

◆　**隱喻 = 本體 + 喻詞 + 喻體（喻詞有：是、為、也、等於、成了）**

例子：幸福只是水中的倒影。

◆　**借喻 = 本體和喻詞都不出現，直接用喻體代替本體。**

這三類比喻經常都會在日常生活中出現，包括語文課本中的故事、常用成語、流行歌歌詞、戲劇對白，通通都充滿了不同的比喻。我們就是在這樣的文化環境中長大，價值觀及思考方式都受到比喻的影響。

　　本書並非討論語言學，列出的所有比喻都是概括地包含了明喻、隱喻及借喻三種，沒有詳細分類。在心理治療的應用上，三種比喻類型未必有明顯的分別，臨床上統稱為「比喻」已經足夠了。

○ 比喻故事的智慧

　　在東西文化中，很多人生道理及生活智慧都是通過比喻來傳達的。在西方，寓言和童話如安徒生童話、格林童話、伊索寓言等等是小朋友成長的一個重要部分，它們盛載很多智慧及價值觀，家喻戶曉，代代流傳。在西方古文明中，哲學家如亞里士多德、柏拉圖（Plato）等等，都會大量使用比喻來解釋他們的哲理。

　　在東方文明中，莊子、老子及佛家學說（例如禪宗公案）當中，都會用上了很多比喻及寓言故事來解釋人生道理。很多成語故事亦教導我們如何安身立命，面對人生。另一方面，在中國的語言學上比喻是修辭方法的一種，簡單說就是「打比方」，根據事物之間的相似點，把某事物比方作另一事物，把抽象的事物及概念變得具體，把深奧的道理變得顯淺易明。

　　不論是寓言、童話或是成語故事，它們都運用比喻來展示一些道理與智慧，直接或間接地為讀者提供看待事情的不同角度。比喻一般都會用故事或是特定的人物場景，來表達事物中包含了

雙重含義，即表面含義及深層含義。我們從小已經學習不同的比喻，並將它們融入語言之中，例如有些成語故事是我們每天掛在口邊的用語，例如「夜郎自大」就是比喻驕傲無知的人膚淺自負；「杯弓蛇影」則是比喻疑神疑鬼、自相驚擾的心態。其中很多故事更會影響我們一生的價值觀及做人態度。

○ 比喻的力量

1. 激活大腦，刺激想像

近年有研究發現，人的大腦會使用不同區域來處理比喻及其他一般言詞。在處理比喻的時候，大腦有更多關於動作及行動的區域會活躍起來。換言之，相較一般的言詞，比喻能激活更多大腦區域，並在當中產生連結。這亦解釋了為甚麼比喻會刺激人的想像，有更強的說服力。例如蘇東坡的詩詞。

> 橫看成嶺側成峰，遠近高低各不同。
> 不識廬山真面目，只緣身在此山中。

《題西林壁》這四句詩，就是用了當人在山中時就無法看到山的全貌來作比喻，說出了我們太執著於自己的想法時，就會錯過很多重要的東西，即是「當局者迷」的道理，而這也是接受與

承諾治療的要點。簡單數十字，便將一個很複雜的道理說清楚，這就是比喻的力量。

2. 多元思考，改善認知偏差

因為環境及成長的因素，人對事物的認知都是片面的。我們大都只會根據自己的經驗及從自身角度來了解事物。這種被稱為認知偏差的現象，往往阻礙了確當思考，並不容易改變和避免。例如確認偏誤（Confirmation bias），就是當人持有某種觀點時（如：我是一個沒有能力的人），他便會選擇性地回憶或收集關於自己失敗的事例，把反面觀點證據擱置在一旁，最終使那個「我是一個沒有能力的人」的觀點更容易被確認。

有認知偏差的人，一般很難被言語說服而改變，原因是他們都不會接納被直接挑戰。這種情況下，比喻便顯得十分有用了。我們可以利用比喻，間接及輕鬆地指出可以從很多角度了解同一件事，更可以有很多不同的原因解釋事情的始末。

3. 獨特的理解方法

在成長過程中我們有一些比較獨特及有趣的想法，很多時都可以用比喻來幫助學習及理解。就如莊周夢蝶的比喻。

昔者莊周夢為胡蝶，栩栩然胡蝶也，自喻適志與！不知周也。

俄然覺，則蘧蘧然周也。不知周之夢為胡蝶與，胡蝶之夢為周與？

《莊子·齊物論》

曾經莊周在夢中見到自己化為蝴蝶，是一隻歡欣起舞的蝴蝶。這讓他感到很快樂自在，完全忘了莊周的存在。但他忽然醒來，驚覺自己原來還是莊周。真不知道是莊周作夢化為蝴蝶呢？還是蝴蝶作夢化為莊周呢？以上的比喻用了夢與蝴蝶，簡單地說明了我們看事物的時候，大都從自身出發（莊周作夢化為蝴蝶），卻往往忽略了事情可能還有特殊的一面，有其他的可能性（蝴蝶作夢化為莊周）。這個比喻有效地帶出凡事都有獨特理解的可能！

4. 了解社會文化對自己的影響

當人在某文化及社會背景下成長，往往不會注意它們對自己的影響。一些約定俗成的思想及行為會因為我們覺得習以為常，而沒有探討分析。比喻鼓勵我們檢視這些固有思考模式，並嘗試轉變。比喻往往可以帶來新的觀察，並加入到已經固有及熟悉的概念當中，幫助我們的思維在舊模式、新事物與未知事物之間，架起橋樑。

○ 比喻的類型

在西方的心理治療中，比喻可分成四個類別：

1. 個案自發的比喻

由個案自發創作的比喻。當使用此類比喻時，治療師通常能識別哪些內容與個案的問題相關，從而探究相關的經驗及其深入的含意，幫助個案調整創作的比喻，使它趨向較為正面，達到積極的結果。

2. 治療師創作的比喻

由治療師根據個案的情況和治療目標而創作的比喻。通常治療師會在治療過程中提及一個或多個比喻，目的是使個案反思其問題，並對比喻所提出的答案產生認同，從而探索解決問題的方法。此類型也包括與個案建立資源、技巧，在適當時候提供解決問題的方法。

3. 共同創作的比喻

由個案和治療師共同構建的比喻。它結合了前述兩個類別的優勢，可以積極處理個案的故事，並允許治療師進行介入。與治療師創作的比喻相比，個案會更積極地參與故事的創作，並找出解決問題的方法。

4. 經驗性的比喻

　　除了可在故事中加入比喻，還可以加在體驗式的練習中。這類比喻可以幫助個案提高溝通技巧、能力和自信心，讓個案有機會嘗試新體驗，從中理解到的意義，「延續」成為可啟發並幫助他們實現個人的治療目標。在體驗練習中，治療師會邀請個案以經驗性比喻的方式發現某些東西。例如邀請個案觀看溪流中的倒影，請他描述在倒影中看到的東西與現實有何異同，並鼓勵他學習用不同角度來觀察，仔細形容當中的經驗，慢慢將這種觀察及轉換角度的能力，放於其他事情上，使之成為基本生活技能及自我反思的習慣。使用這種比喻時，治療信息一般都會專注於實際經驗中。

◯ 比喻與心理治療

　　美國心理治療師史提芬‧蘭克頓（Stephen Lankton）認為：「故事和隱喻對個案有深遠的影響：它們可以教導、啟發、引導、交流、被記住，最重要的是它們無處不在。比喻要求聆聽者主動專注及發揮其想像力，更須要與治療師不斷互動交流。比喻那間接而沒有侵入性的特質，較容易有穿透心理防衛的能力，個案亦有更大機會因比喻產生共鳴，並從中學習。

　　早於心理學大師弗洛伊德的時代，心理學家便已經覺察

到，比喻跟心理治療有着密不可分的關係，而弗洛伊德本人更因為出色的比喻寫作方式，於 1930 年獲得了哥德文學獎。現代的心理治療當中，也利用了不同的比喻作為治療手法，ACT 是眾多心理治療當中，使用最多比喻的一種療法。在達到心理彈性的六個歷程當中，ACT 治療師都會用到比喻來協助個案明白自己的思想及情緒狀態，使他／她了解自身心理僵化的原因。有別於其他以指導性及心理教育為主的心理治療，ACT 希望個案有一個親身的經驗過程，從而「悟」出擺脫陷阱的方向。

　　比喻跟主流心理治療的手法，有一個很重要的分別，就是比喻中沒有心理治療常用的語句結構，例如：「對的，但不過……」或「我明白你的感受，但……」，這種先認同後補充的語句結構，不是對所有個案都有相同的功效，有些時候更可能引起反效果。反之有效的比喻，可以幫助我們避免個案自己與內心深處的驚慌或問題有所衝突，個案亦無須用第一身去跟治療師對話或解釋。在治療過程中很多時候個案聆聽比喻或故事時，反省及解決方案會自然出現於腦海，而影響力可能更為深刻。

　　比喻有幫助我們思索問題、找尋解決辦法及出路的功能，當人過於沉思自己面對的困擾時，大都會跌入思想的糾結之中。「急於解決問題」本身便變成了問題，意思是我們因太渴望得到

解決方法，思想變得糾結、單向及缺乏彈性，任何意見及新資訊都未能被接收。但比喻則提供了一個非對抗、非指責式的觀察及領悟的機會，使聆聽者可以用比較開放的心態，多角度思考自身的困擾。例如對於小朋友的偷懶行為，父母直接教導或指責，遠不及說一個烏龜白兔賽跑的故事來得有效。

○ 適合華人文化使用的比喻

　　比喻在心理治療中越來越重要，有些心理治療的取向，開始十分積極地將比喻放進治療體系當中。在西方甚至已經有「比喻治療」（Metaphor therapy） 的出現，並以比喻作為主要的治療手法。相關書籍或手冊以英語為主，而一般使用的比喻亦都以西方文化為基礎，但因各地文化看重的價值觀各不相同，因此在華人文化中應用西方的比喻時會顯得有些格格不入。特別是比喻中的本體與喻體，往往都建基於文化及社會背景之上，只有了解這些背景的人，才會明白及體會到比喻的意思。

　　這亦突顯了發展華人文化中有治療效果的比喻之重要，對於以華語作為治療語言的治療師，一本由華人文化背景作依據的心理治療比喻書是必要的，這也是本書出版的目的。

6 如何使用這書——給一般讀者及治療師

○ 給一般讀者：帶來新領悟

本書的其中一個目標，就是為一般讀者提供一些有趣的比喻及故事，使大家可以輕鬆地從中得到一些啟發及領悟，用更多不同的角度來觀察自己的思想及感受，開放地接新經驗。

閱讀比喻是一個學習的經驗，是一種透過比喻的喻意，來反思我們對事物的看法。這是一個自主及個人化的過程，當中沒有所謂對或錯，每個人對比喻的理解與感受都不同。

重點是有否引發讀者對自己的反思，並嘗試用新角度來察覺和感受。經驗學習沒有快慢之分，更沒有必然出現的結果，只要隨着自己的節奏，好好經驗每一個比喻為你帶來的啟發，便算是發揮最大的效果。

開始時，讀者可以隨意地閱讀書中不同的比喻及故事，我建議每次抽看一個比喻，用心地去閱讀及思考，嘗試感受這個比喻為你帶來甚麼新領悟，你也可以跟身邊的朋友分享。我更鼓勵大家將體會及感受用筆記的形式紀錄下來。當你完成書中的所有比喻之後，你便會擁有一本由你自己寫下來的思想成長紀錄，在未來當你遇上挫折的時候，便可以拿起這本成長筆記，看看是否可以從中獲得指導式啟發，讓你能面對問題及難關。

你亦可以根據以下方式，來紀錄你的感受。

1. 試試代入比喻當中，用第一身角度，反思比喻內容為你帶來甚麼新啟發，對事物有否新領悟，並將它們紀錄下來。

2. 感覺閱讀比喻後你的情緒是否有些改變？是正面了、輕鬆了？還是多了一點哀傷？不論是甚麼情緒，都請你紀錄下來。

3. 想想比喻中有否某些地方會令你特別注意。試試形容一下這些特別之處，並將之紀錄下來。

4. 想想比喻在你生活中哪些地方會有所幫助，從中有甚麼得着，能否使你學習一些新角度或方法，來看待日常生活。

5. 最後，由比喻出發，想想有沒有使你回想起一些事和人，值得你心懷感恩，並將它們好好紀錄下來。

比喻名稱	你的感受
對你的啟發	
讀後的情緒	
值得特別注意的部分	
對你人生有甚麼得着	
有甚麼人和事值得感恩	

○ 給治療師：使用比喻的指引

對個案的思考、動機及行為上的影響

至於治療師們，首先請回顧 ACT 的基礎理論及治療方針，並清楚了解當前個案，其心理僵化的主要成因和處理優次，以及如何在六個向度中提升案主的心理彈性。一般而言，治療師可以根據治療時臨床的觀察及個案的需要，引用書中提供的比喻及故事。

若治療師使用其他治療方式，如認知治療或敍事治療等，亦可在治療過程中加入比喻，以達到預計的效果。廣義來說，治療師可以使用比喻來達到以下幾個目的：

1. 思考上：

◆ 可以利用比喻來增強個案情緒的覺察與表達。一些難以描述的情緒，可藉由比喻轉變成口語表達的具體事物，幫助覺察情緒，並用更具意義的方式描述生活經驗。

◆ 比喻可以揭露並挑戰個案隱晦的假設，透過比喻，個案的隱晦信念較容易被揭露、被了解，讓個案能處於改變的好位置。

◆ 用較不具威脅性的比喻方法，處理個案一些有意或無意識的抗拒。若個案在意識上非常敏感及經常感到被威脅，他們可能比較容易接受故事表面的意義，從而保護

治療的支持性關係。

◆ 比喻可以提供新的參考架構，透過與個案共同的探索，可以協助個案看見還沒有被實現的可能性。

2. 動機上：

◆ 透過比喻來增加個案與治療師的關係，治療師可觀察個案對比喻的反應，令他們之間分享共通的語言，並加以合作。

◆ 比喻與個案描述的主題間所出現的不一致，會促使個案反思內在出現的經驗及感受，為何會與比喻出現異議，並在思考過程中認識不同觀點的可能。

◆ 比喻跟直接勸說相比，前者會更易被個案接受，也可以吸引個案的注意力及激發想像。經過適當的建構與安排，比喻比直接勸說更有效果。

3. 行為上：

◆ 比喻提供另一種溝通方式的示範，幫助個案連結內在與外在世界。探索比喻會讓個案在心理上更能有意識地連結內在意象與外在世界。

◆ 協助個案回憶及記錄事件的情節及感受，比喻具備想像和語言兩個元素，能幫助個案重新學習及記憶。

對應心理僵化的特定用途

在 ACT 中，使用比喻與練習正念同樣重要。以 ACT 為治療方式的治療師，在心理治療的過程中可以細心觀察個案的思考及情緒，當發覺可能出現抗拒（resistant）、阻滯（blockage）、隔離（segregation）或混亂（confusion）的時候，可以考慮使用比喻來協助個案。以上指出的情況，一般顯示個案的三個可能特徵：認知混淆、經驗逃避或概念化的自我，這些都是心理僵化的部分原因。針對 ACT 而言，比喻可以：

1. 增強情緒的覺察與了解

很多情況下，個案都未能覺察自己的情緒，這可能是經驗逃避，又或是認知混淆。個案可以借用比喻或故事中的人、事、物，具體地了解自己的處境及狀況。例如比喻中展示了與個案類似的情況，又或是帶出了相近的感受，都可以有效增強個案對自己情緒的覺察與了解。

2. 了解內在的思考糾結與鬥爭

對於出現認知混淆及迴避內在情緒的個案，大多無法察覺自己思想上的糾結，這亦會促使個案出現經驗逃避的狀況。可以利用一些矛盾性的比喻，間接指出個案的思考糾結所在，並提出其他的可能性及可選擇的想法。

3. 表達未能啟齒的情感

除了了解情緒之外，比喻中的情感內容可以讓個案表達及釋放內心的感受及壓制。借用第三者或比喻中的角色，使個案投入當中，並將內心的相關情緒，以投射的方式表現出來。

4. 表達對現實的看法

利用比喻作為切入點，讓個案代入比喻中不同角色或人物，借它們的處事方式，來反映自身對現實的看法。治療師可與個案討論比喻的內容，及其反映的現實，來協助個案了解此時此刻的自己。

5. 了解及反思價值觀

分享比喻，能讓個案了解，他們正在面對的事情可以有其他的可能性，也可以有不同的觀點及看法，治療師應嘗試帶領個案多角度了解事物，並思考自己真正的價值觀。

6. 嘗試喚起對生活的感覺

透過比喻讓個案重新檢視自己的生活，了解當中出現不同感受的可能性，協助他們與困擾共存，減少逃避負面的感受。

7. 計劃可達成目標的步驟

在比喻中舉出例子，說明訂立可達成的行動目標，是通往有價值人生的前提。

使用比喻時應留意的重點

比喻在心理治療中的成效，取決於不同的因素，例如：個案的性質、年齡、性別、教育水平、其他病歷等等，以上都會影響治療師選擇及使用合適的比喻，去幫助個案。因此治療師使用比喻時，須要留意以下的重點：

1. 選擇恰當的比喻。

治療師必先釐清治療目標，並須要配合當前針對的心理僵化範疇，來決定選擇使用不同的比喻或故事。本書會根據 ACT 中的心理彈性範疇，將比喻分成六個類別，方便參考。除此以外，仔細分析個案的背景及面對的困擾，可以幫助選擇恰當的比喻。

2. 比喻的情節應該有其邏輯。

使用比喻時，應該留意內容是否合乎邏輯。內容必須合乎情理與現實要求，才能為個案帶來共鳴和身同感受的感覺。比喻不應該是天方夜譚式的故事。沒有邏輯性的比喻，不僅對個案沒有效益，反而會使治療師的可靠性及可信性大大減低。

3. 觀察個案對某個比喻的反應，並確認能帶來一定程度的意義。

不同的人聆聽同一個比喻，可能會有不同的反應，因此在選擇比喻時，治療師必須作全面考慮。例如個案的性別、年齡、工作、教育程度等等，選擇的準則是可以為個案帶來最大的共鳴感。

4. 保持個案對比喻的興趣。

另一個使用比喻的重點就是要引起個案的興趣，對比喻產生興趣可以使人更投入理解當中包含的訊息。要成功代入一個比喻之中，需要首先對它感興趣，這是必要的條件。而興趣則與好奇心有很大的關係，因此引發個案的好奇心，對比喻的功效有很大的助益。

5. 鼓勵個案對聯想、情感和意念的描述，加強比喻的效果。

使用比喻的時候，治療師應該注意個案對比喻的聯想、感覺及想法，以達到切身處地的效果。不要強行推演或強迫個案有所共鳴，只須使他嘗試聯想及覺察比喻中的情感所在，便可以了。

6. 探索比喻的含義，嘗試跟個案討論各種可能性。

每個人對同一個比喻都有不同的想法和感受，重點並非要求個案同意比喻的含意，而是帶出一個訊息，就是在個案的想像之外，還有很多的可能性。不要強迫個案接受，只要使他理解可能性是存在的。根據比喻得出的共識，幫助他理解自己的價值觀，從而與未來的行動建立聯繫。

個案概念化的總結及選擇比喻

Millikin & Johnson 指出在心理治療過程中應用比喻時，治療師可考慮使用專題論述的敘事形式（disquisition）作參考，意

思是選擇一些與個案經驗及關注，有一定程度相似性的比喻故事，將之應用在治療當中。原因是相近的比喻，可以更直接地針對個案的治療需要而產生影響，使個案的體驗被正常化，增加思考啟發，加強情緒感受，並促進其對自身處境有新的見解。

在考慮使用不同的比喻時，治療師可先將個案的評估作一個簡略的總結。在基本的個案評估及分析之後，列出一些重點，包括甚麼是困擾個案的問題；對應他們的問題，個案使用了哪些沒有效果的處理方法，再分析他們可能出現了的心理僵化模式。最後便可以因應六個心理彈性歷程而設計治療策略，根據專題論述的相似性原則，在本書中的第八章選擇對個案可能有治療效果的比喻來應用。以下是一個簡略的評估表格，方便大家使用：

簡略個案概念化表格	
個案提出的問題	
個案使用的無效處理方法	

呈現的心理僵化模式	心理僵化	呈現的模式
	活在過去或未來	
	認知混淆	
	經驗逃避	
	概念化的自我	
	價值觀不清	
	不能實踐的行動	

對應心理僵化的心理彈性治療策略，以及使用的比喻	心理彈性	治療策略	可用的比喻
	與此時此刻連結		
	脫離糾結		
	接納		
	超越自我的觀察		
	確立價值觀		
	承諾的行動		

○ 與治療師的分享 —— 我們都是凡人

很希望與治療師們分享一些體會，ACT 相信治療師和個案兩者都是有思想的人。他們同樣都經歷過掙扎、痛苦、喜悦、悲傷、渴望和傷害，都曾經做過令自己及別人遺憾的事，又或者沒有對生活中缺少的事情盡力而為，都會陷入既定的思想規則當中，例如：「我們『應該』如何生活」以及「我們『應該』做甚麼事」。

ACT 治療師了解及接納這些是共同的人性，並嘗試與個案建立平等的關係。因此，他們可能會以個案的治療需要，而有選擇性地作一些自我的披露。一個成功的 ACT 治療師可以創造一個有洞悉力、冷靜及靈活的空間，使個案可以在這個空間中自由討論任何內容，特別是有關此時此刻的經歷，及當下雙方的感覺及經驗。同時，個案可能需要大量的鼓勵和治療影響，才能放棄舊有的模式，嘗試新的事物，並與困難一起共存。因此 ACT 治療師應該培養自己，具有較強的説服力及指導能力，讓個案可以得到更有價值的生活。

有些時候，儘管治療目標是要個案學習更輕鬆地與痛苦及困擾共處，ACT 治療師還是會用比較積極主動的方式，明確地訂立治療目標。有些時候治療師可以安靜地坐着，換位思考，溫柔地鼓勵個案，讓他們強烈的情緒可以表達出來，幫助他們培養面對痛苦及困擾的時候，有一種接納、開放和不批判的態度與能力。

　　如果治療的目標是針對認知混淆,希望協助個案可以更輕鬆地接納自己「有一個困擾的想法」。那麼治療師可以利用有趣的遊戲和練習,讓個案把「想法」換成「我有一種想法」來體驗,最終明白「想法」可能是片面的,與自身感受可以是沒有關連的。

　　以上的治療手法都取決於兩者的治療關係及個案的性質,絕對不會以貶低或不尊重個案的方式進行。ACT 取向是簡單明確的,治療師一般都會將此取向應用在自己的生活當中,並在過程中獲得更多經驗及證明。治療師將比喻應用在自己面對的困擾當中,是學習 ACT 及使用比喻的最佳方法。從自身的領悟及經驗的累積,在臨床上便可以更得心應手。

7 心理彈性配合基本比喻的作法

這一章會討論比喻的實際應用，首先會從六個心理彈性歷程開始作示範。

○ 與此時此刻連結

在眾多受情緒困擾的人士中，不少人是「活在過去」又或是「活在將來」的。我們常笑言只顧活在過去的人，就是「抑鬱症」的常客；常常只活在將來的人，則是「焦慮症」的常客。這不是要說他們是精神病人，而是

突顯了此時此刻的重要性。在 ACT 的世界中，這些人只是與此時此刻斷開連結。在身邊人的眼中，他們像是一副發呆的軀體，終日沉醉在自己的世界中。能夠協助他們與此時此刻連結，就是 ACT 的其中一個導向。治療師面對這個心理僵化的向度時，可以考慮使用以下的比喻：

此時此刻的比喻 1

「現在」的英文就是「Present」，present 同時
亦可以解作「禮物」。你有思考過當中的原因嗎？
這也許說明了懂得活在當下，便是一份珍貴的禮物。
現在我們嘗試一起打開這份禮物吧！

與個案討論時間這個話題時，的確很難三言兩語説得清楚，治療師大概可以總結：「過去的事沒法改變，將來的事沒法預測，只有此時此刻才是光輝閃爍的瞬間，要好好抓緊。」

以下有一個關於時間的簡單小遊戲，可以當作練習。

此時此刻的練習 1

現在，請你用手抓一抓頭。你可能會覺得我的要求很奇怪，
但還是請你抓一抓頭。之後，請細心想一想以下問題。

> 如果我叫一年前的你抓一抓頭，這可能嗎？
>
> 如果我叫一年後的你抓一抓頭，這可能嗎？
>
> （後者未必沒有可能，如果你一年後還記得的話。）
>
> 似乎這兩個問題都無法有肯定的答案，因為過去沒法改變，
>
> 而將來還未到來。因此，似乎只有這一刻的你才能夠抓一抓頭。
>
> 這意味着，只有當下的你能夠達成你想做的一些事，
>
> 並且足以為你的生活作出改變。

　　與此時此刻連結意味着我們能夠專注地活在當下的時間中，能夠專注地做好我們眼前的事物，同時對此產生興趣，敞開心胸接受當下的經驗。可以嘗試以下的練習：

此時此刻的練習 2

專心地吃一頓飯，留意每一口飯菜的味道，看看有否新的感覺。

專心地做好工作上的一件小事，看看對工作是否有不同的觀感。

專心地與別人溝通，聆聽他們，看看會否發現他們的苦衷。

與當下連結的時候，我們的心思沒有昨天和明天，

只是全心全意地活在此時此刻，

對自己及身邊事物的觀察也會變得更真實。

> ### 此時此刻的比喻 2
>
> 不知你有沒有試過「心不在焉」？在這種狀態的時候，
>
> 我們的過失會特別多，畢竟我們沒有專心地生活。
>
> 試問一個專心駕駛的人，還是分心駕駛的人會比較少意外出現？
>
> 答案顯然是專心駕駛者。更遑論一些酒後和藥後的駕駛者，
>
> 那些都是另類的分心，都是無法與此時此刻連結的例子。
>
> 與當下連結就是一種覺醒，而活在當下的人，
>
> 能夠更融入世界，察覺及細味人生。

○ 接納

接納偶爾會在一些書籍中被解釋為心靈的擴展（expansion），意思是當擁有困難的感受、衝動、想法、記憶等時，不去壓抑或刻意擺脫，保留空間，如實地感受它們的存在。當人嘗試去經驗和坦誠面對這些感受和想法時，便會發現其實它們對我們造成的困擾是可以減少的，可以讓我們更快恢復。

ACT 並不主張我們改變、去除或避開不想要的念頭或感覺，反而鼓勵接受它們的存在。這不代表我們要喜歡它們，只是停止與它們抗爭，將心力轉移到對我們更有價值的地方。接納不是承認失敗、認命、忍受或放棄，而是如實地面對現實，

承認此時此刻的生命狀態，不加抗拒。以下是一些有關接納的
比喻：

> **接納的比喻 1：**
>
> 「接納」就如站穩在大地上，認清周遭的環境，務實地評估你
> 腳下土地的情況。這並不意味着你要喜歡或一直站在原點。

> **接納的比喻 2：**
>
> 在雨天時，你在望着屋簷滑落的水滴，它們時而快速，
> 時而緩慢；時而大顆，時而小顆；時而密集，時而零星。
> 水滴就好比我們浮現的感受和腦海出現的念頭，
> 我們可以平等地、不加批判地一一接受每顆水滴。

○ 脫離糾結

　　有些時候，我們腦海中會出現各式各樣的話語及聲音，我們
稱之為「念頭」、「思考」或者「想法」等等。它們看似十分真
實，十分有說服力，然而當我們靜下來，留心觀察它們，便會發
現它們的本質只是一連串的文字及聲音。若我們能認清它們的本
質，並如實地看待它們，不用服從，不用批判，只是讓它們自來
自去，我們便能騰出更多空間，做自己想做的事。以下是一些脫
離糾結的比喻：

脫離糾結的比喻 1

很多機構都會設有意見收集箱，目的是希望獲得不同人的意見，從而計劃及改善機構發展的方法。但很多時候，收集箱中收到的都是一些謾罵、發洩，或是沒有意義的字條，它們對機構的運作或發展目標，都毫無用處。

那時候負責人只好將那些沒有用處的意見放在一邊，為收集箱釋出更多空間，收集更多有建設性的意見。

我們的大腦就像那個意見收集箱，經常收到一些不知從何而來、針對自己的意見及想法，當中或多或少都會包括一些負面及攻擊自己的思想。我們應該像那個負責人一樣，將那些對自己發展沒有功用的想法先放一邊，讓自己有更多空間，收集一些能夠幫助我們發展的意見。

在 ACT 中，脫離糾結也稱作「認知化解」，與之相對的則是「認知融合」。「認知融合」的意思就是將思考的內容，視為絕對的事實或唯一值得專注的東西；而脫離糾結的意思則是將思考的內容，理解為單純的一連串文字，而非事實的全部。脫離糾結的目標不是消除不快的想法，而是讓我們明白思考的本質只是語言，我們不需執着它們，亦無須與之對抗。這些想法有時會出現，有時會消失。如果我們期待它們會完全消失，那麼最終必然失望。另外，不要期待脫離糾結能讓我們心情立

即變好，因為心情變好可能只是脫離糾結的副作用。脫離糾結的真正目的，是讓我們重新把精力投放在更重要的事情上。脫離糾結不是用來控制感覺和情緒的，否則控制的慾望會使我們重新跌入「糾結」之中。

你或會有個疑問，正向思考不是必定比負向思考好一些嗎？答案是不一定的，關鍵的問題是：「這個想法是否對你有益？」例如：

脫離糾結的比喻 2

一個賭徒很愛賭博，他深信自己只要不斷努力，

總會中一次大獎。這想法很正向，卻沒有幫助。

本書的比喻及練習會讓讀者學會一些脫離糾結的技巧。但是，任何方法都不是萬試萬靈的，若然練習數月都沒有進展，不妨轉換另一個方式。有時候我們會發現不能脫離糾結，那麼只需感受一下自己在認知融合的過程中的感覺，學習分別脫離糾結和認知融合的感覺，這也是一種寶貴的收穫。

我們必須謹記，不必視認知融合為敵人，它只是一種心智活動。從古老的原始祖宗時代，這個擅長說故事的大腦便一直在運作，製造不同的心智活動。在須要的時候，我們只須提醒一下自己，腦中不同的話語及聲音，都只是一則故事而已。

○ 超越自我的觀察

概念化的自我由不斷變化的思想、感覺、記憶等組成，而人將它們當成自己的全部。與之不同的就是觀察的自我（Observing ego），它是一種穩定不變的心理結構，會對思維、感覺、記憶等作出觀察。而「超越自我的觀察」則是指一種超越自我的能力，在體驗及感受的自我之上，對一切，包括自我，作出觀察。換句話說，我們不需要被自己的思想、感覺、情感和記憶所定義及規範，認清我們自身只是一個承載它們的器皿。我們要意識到自己的經驗流動，但卻不將自我建築在其上，專注做想做的、對自己有益的事。相關的比喻包括：

超越自我的觀察的練習 1

在接下來的 30 秒，請靜靜聆聽你的想法。

如果你的念頭停止了，只要繼續專注聆聽直到它們再次出現。

（暫停 30 秒。）

我相信你已經察覺，在你的大腦中，

有一部分正在自己說話，那是「思考的自我」（thinking self）。還有另一個部分正在聆聽，那就是「觀察的自我」。

超越自我的觀察的比喻 1

先來讓我們一起深入觀察眼前的一杯水。此時，

我們可以問問自己，這水來自哪裏？我們會發現眼前的

水來自河流或水庫。在河流或水庫裏看見了雨水，

再看見了天上的雲。眼前的這杯水，原來曾經有這麼多形態，

它每時每刻都在變動。如果我把眼前的水放進冰箱裏，

它還能變成冰；加一點魚膠粉，它還能變成啫喱。

水尚且有這麼多變化，何況我們身為人類，理應可以有更多變

化，而且時刻正在變動。例如我們體內的細胞、血液時時刻刻

在流動及變動，我們的身體並非一成不變的。因此，當觀察及

理解自我概念和感受時，我們需要在特定情境下及經歷中，才

能夠更好地理解自己的感受及想法。

超越自我的觀察的比喻 2

你那懂得觀察的自我就好像天空，

而時刻流動的思想和感覺就好像天氣。

天氣經常變化，但是無論天氣如何惡劣，

它都無法以任何方式損害天空。最強大的雷暴，

最強烈的颶風，最猛烈的冬季暴風雪，通通都不能傷害天空。

而且，無論天氣多麼惡劣，天空總對它們留有餘地。

何況，天氣早晚總會改變，天空總會放晴。

○ 確立價值觀

在進行認知化解的活動及使用比喻時，我們可能會懷疑：「若然某個想法是真實的，又如何？」那樣我們便要看看這個想法是否對自己有益處，它是否能幫助我們實踐人生的價值觀？是不是令我們更有動力？令我們變成自己想成就的人？能否令我們修復與別人的關係？能否令我們活得更好？因此認清自己的價值觀，顯然是重要的一環。以下是一些關於價值觀的比喻：

價值觀的比喻 1

試試想像你正在準備裝修你的房屋。

你很高興地選擇新瓷磚和高級家電，

並以清新的顏色粉飾牆壁。你的預算已經確定，

一切都已計劃好了。但突然發現房屋的地基出現了一條大裂縫。

那麼你會繼續裝修，還是先修補裂縫呢？

在決定自己真正想要的目標或希望成為怎樣的人之前，

而沒有弄清楚你現在是如何過自己的生活（如何解決問題、

如何作出選擇等等），那就好像進行裝修但沒有修補裂縫，

固定基礎一般。沒有好好思考根本的價值觀，

甚麼樣的修改工作都只會是徒然的。

　　若然我們專注地觀察自己的念頭及情緒，例如憤怒、恐懼、不安等等出現時，我們不難發現，它們往往不是朝着我們的價值觀前進。例如對親人出現憤怒的情緒時，我們腦中或會出現：「你滾！我不想再見到你！我與你恩斷義絕！」然而這些想法與我們的價值觀可能是背道而馳的。若我們一直都希望與自己生命中最重要的伴侶、朋友、家人等等有更親密的關係時，那念頭便會驅使我們往相反方向越走越遠，那又怎能維持自己重要的價值觀呢？

　　接受與承諾的重點在於，我們當下那刻可能正感受到強烈的情緒，但同時我們也能夠接納或擁抱這些感受，讓自己回到當下，繼續根據我們的價值觀，對一切作出回應。簡而言之，我們能夠懷着不同的情緒，努力正面地做人。

價值觀的比喻 2

試想像一下，你有一台微型傳心機，

並將它裝置在一位對你非常重要的人的腦中，

你可以時刻聽到那個人的所有想法。

當你開始收聽他的心聲時，可能會發現那個人正在想你，

關心你的立場，又或是欣賞你的強項。你更可以聽到，

你對他有多大意義，以及他有多希望你跟隨他的意願而作出改變。

此刻你會百分之百聽從他的意願做人嗎？

還是會依從自己的價值觀，及自己想要成為的人而過生活呢？

至於價值觀具體是甚麼，實在因人而異，重點是這些價值觀是我們生命中的種子，是人生中從經驗裏產出來的寶貴事物，只要留心傾聽自己的內心，價值觀無時無刻都在。它們能夠像指南針般，在迷霧中指引我們前進的方向。

此外，任何的思想或信念，本質上也只由文字組成，若然有些能使我們朝着有意義的人生前進，當然可以加以利用。同時我們亦應切記，信念及價值觀並非一成不變或牢不可破的，它們應該與時並進及可以變換修訂的。

○ 承諾的行動

當我們了解清楚自己生命的方向時，便需要實際行動，那才能活出人生。既然我們明白價值觀是我們的指南針，而它的本質卻只是一串的文字，那麼唯有實際的行動，才能成就一個有價值的人生。

雖然很多人都知道自己生命中重要的是甚麼，但當檢視一下我們每天的生活時，或許會驚訝地發現，自己用於無聊事情上的時間（例如電玩或觀看社交媒體），遠比實現自己的價值觀為多。若果現在的生活習慣出現了這種情況，我們不妨認真想想，花點心思重新計劃及分配時間，將更多心神放於有價值的事情上，這樣才會活出更豐盛的人生。

　　雖然價值觀是一個永不止息的人生方向，但我們承諾自己作出的行動，卻不一定要驚天動地的。例如：若然價值觀是與身邊的人有一段和諧幸福的關係，那麼簡單向對方問候一聲，分享一些水果糕點，已經是踏出十分有用的一步了。有時候因為很多原因，使我們的行動遠離了有價值的方向，但不用絕望和放棄，只要堅持及對自己作出承諾，努力一點點實踐便可以了。

　　以下是兩個常見的循環：

循環一　　　　　　　　循環二

　　請問循環一還是循環二，能夠使我們最終達成價值為本的生活？那當然是循環二了。請謹記，人生中偶爾會出現放棄和失敗，那是必然的，只要我們學習接納那些負面的感覺及情緒，練習脫離認知糾結的技巧，我們便能夠再次向自己作出承諾的行動，讓我們活出理想中的人生！

8

比喻大全

○ 使用比喻的守則

在心理治療的過程中，必須選擇及使用切合個案背景及情況的比喻，並使用開放式的對話方法，與個案討論比喻所帶來的啟發，比喻並不只限於使用 ACT 的治療師。治療師應在治療過程中遇上合適的時間，才使用比喻，而不應過分刻意安排，否則比喻便不會發揮其最佳功能。治療師應該熟悉不同的比喻，不斷嘗試觀察個案表達的思想及感受，當察覺到某時機適合使用相關的比喻時，便要立即捉緊機

會，帶出比喻，跟個案討論。治療師可以嘗試以下句子，作為與個案討論比喻的開端：

「讓我分享一個例子／故事，希望可以為你帶來一些新的觀察……」

「聽到你的擔憂，使我想起一個比喻／故事，可以跟你分享嗎？」

使用比喻不必只是參考個案的語言表達，治療師亦應該嘗試留意個案的非意識表達，例如面部表情、身體動作、語帶相關的暗示，甚至治療師察覺到的其他潛意識表達，這些都可以是引述比喻的起點。

當開始跟個案討論比喻的時候，治療師可參考 Hill（2009）所建議的輔導三部模式，作為使用比喻的參照，當中包括了：

探索階段（exploration）

治療師可以跟個案討論比喻中的特定內容，如不同的人物和事情，並帶出比喻中的重點及主題。例如：「你可否代入比喻中那位主角中，嘗試想像他的情緒感受？」，「如你是比喻中的主角，你又會如何選擇？」這個步驟可以讓個案發掘一些新的啟發、思考角度、信念及情緒感受。

洞察階段（insight）

在洞察階段中，治療師可以嘗試擴大個案在探索階段所得到的新看法、情感、行為和其他可能的正面影響，並引導他們將這些新的觀察，應用到此刻他們正面對的困擾與問題。例如：「這個比喻跟你的情況有否相似的地方？你又有否新的觀察？」，「比喻中人物或事情的感受，有沒有讓你重新思考或感受自己正面對的困擾與問題？」

行動階段（action）

行動階段着重於行為改變，治療師可跟個案討論一些可行而具有意義的行為改變，通常這些改變都是建基於探索和洞察階段學到的東西之上。當個案對現況有新的察覺及領悟時，他們便有空間思考其他的處理方法及更有意義的人生目標，並作出實際可行的行動計劃。

以上三個步驟，可以作為心理治療中應用比喻時的手法依據，並可以協助個案於討論比喻時獲得更大的效益。以下按六個心理彈性歷程提供豐富的比喻例子。

接納 ── 痛與苦

颱風警報

香港每年會遇上數次颱風，這不是我們可以控制的。以往沒有颱風警告時，人們沒法提前準備，死傷慘重。現在有了颱風警告，可以及早預防，減少損傷。

我們的痛如同颱風這種天災，無法避免，當我們能透過靜觀而察覺到自己的苦時，就能作出相應的預防，以免被不必要的「苦」所害。

同心箭

我們往往太習慣把痛苦擴大億倍。

比如一個被箭射中的人，他會感到疼痛；如果他被第二支箭射在同一位置上，他的疼痛感將會是雙倍；當他被第三支箭射中同一位置，他要受的疼痛更加嚴重得超出千倍了。其實第二、三支箭射到同一個傷口，當然會加深痛楚，但這兩支箭是否須要發出去，卻是我們可以選擇的。一個修習正念的人深切了解此狀況，可以替自己和他人防止痛苦加深。

當不安的肉體或精神感受生起時，修習正念的人不會擔憂、埋怨、飲泣、捶胸、折磨自己的身心，甚或令身體出狀況例如暈倒。他會平靜地觀察自己的感受，清楚地知道那只是一種感受，而非事實。他知道他並不是感受本身，更不會受制於那種感受。這樣，痛苦便不能纏縛他。當他有痛苦的感覺時，他知道那痛苦感覺的存在，沒有失去他的平和鎮定，沒有擔憂，沒有畏懼，更沒有怨言。他的痛苦只是肉體上的，不能擴散和扼殺他的整體。

修習正念的人，他們所受的苦比起那些沒有練習的人所受的，實在少得太多了。

（修訂自一行禪師，2007 年。）

馬拉松選手的水泡

　　我有一個朋友，他是越野馬拉松選手，經常出國比賽，上山下水是他的家常便飯。有一次他邀請我一起練習越野跑，因為好奇心的驅使，我便同意跟他參加兩日一夜的訓練。訓練開始不到三小時，我們不斷在路上及山上奔跑，我感覺到自己的腳底奇痛無比，朋友和其他跑友因為我的緣故被迫停下來。我脫下跑鞋，發現腳底因不斷磨擦，長出了幾個大大的水泡。我在抱怨，朋友和跑友卻在哈哈大笑。我問他們有甚麼方法可以預防長水泡，他們卻笑着回答沒有，有一位更展示了自己腳底剛長出的水泡。我更加好奇，為甚麼腳下已經那麼痛，大家還要繼續跑。朋友說：「就算是專業選手，都跟你一樣會長水泡，也會一邊跑一邊痛。但無論腳上多麼痛，他們跑到終點時仍會開懷大笑，因為他們完成了自己訂下的目標。」

　　原來這就是痛與苦的區別，腳底的痛不一定要變成苦的感受，而人生中的痛往往是達到喜悅的必經過程。

沒有眼鏡的日子

有一天，我突然想起需要購買眼鏡，便走到附近的眼鏡店，選購一副好看的眼鏡。視光師會為有近視或遠視的客人檢驗眼睛，做出度數合適的鏡片。鑒於我是數十年來第一次配眼鏡，視光師因此非常仔細地替我檢驗。身旁的朋友看見視光師不斷向上調整度數，感到非常驚訝。他問怎麼我近視那麼深，卻一直沒有配戴眼鏡，我到底過去是怎樣生活的？看東西是不是很辛苦？但我心裏卻平靜淡然，對此不以為意。因為我一直過着沒有眼鏡的生活，沒有甚麼大問題，我仍然可以做我想做的事，愛我所愛的人。

視力出現問題是無法避免的，有些人會視之為身體上的缺失。但我卻沒有為此而感到辛苦。反而，身邊的朋友及視光師覺得我近視這麼深，必定是感到諸多不便，更認定這是一個大大的問題，最終他們替我感到「苦」了。

飛機的跑道

　　飛機給人的感覺，就是能夠在藍天自由自在地傲翔，最後能夠抵達遙遠的目的地。但是，我們往往忽略了，飛機在跑道起飛之前，初始在地上行駛的速度一定是很慢很慢的，跑道還要有足夠的長度，供飛機逐漸提速，最終飛機才能累積足夠的速度，飛向藍天。如果縮短跑道的話，飛機起飛的難度就大大提高了。

　　就如我們可以自由自在地生活之前，必然要在長長的路上全力以赴向前跑，否則是不能獲得自己希望的生活方式。

釀成葡萄美酒

你知道：

葡萄要承受多大的壓力，

才會變成美味的紅酒？

橄欖要承受多大的壓力，

才會變成香郁的食油？

煤炭要承受多大的壓力，

才會變成燦爛的鑽石？

毛蟲要衝破多少的困難，

才會變成美麗的蝴蝶？

種子要衝破多少的困難，

才會變成參天的巨樹？

那麼你現在承受的壓力可以

使你變成甚麼呢？

現實中的一巴掌

　　人的生老病死是必然發生的。我們每一個人或早或遲都需要面對生老病死，會被現實狠狠地重摑一巴掌，疼痛得很。然而最令人痛苦的，不是被摑的那一刻，因為被摑的時間往往十分短暫，而是被摑醒之後，我們發現了現實的自己與理想的落差。這種落差才是令我們長時間痛苦的元兇。雖然被摑的「痛」無可避免，但要不要跌進這種落差的「苦」中，卻是我們可以選擇的。

向自己投擲第二支飛鏢

生命會為我們帶來很多不可避免的痛苦，可能是情緒上的痛苦，例如艱難的分手、失去的機會或親人的死亡，也可能是身體上的疼痛，我們稱這些不可避免的痛苦為「第一支飛鏢」。如果你盡力生活，盡力去愛，痛苦必會來到你面前，這是人類生存的本質。

但是實際上，我們大多數的人生問題，不是由第一支飛鏢引起的，而是由我們如何回應第一支飛鏢所致的。「第二支飛鏢」就是我們向自己投擲的飛鏢，是我們對第一支飛鏢的反應，也是我們遭受苦難的根源。

例如，你的腳趾被孩子放在地上的玩具弄傷了，那是第一支飛鏢。緊隨其後便是第二支飛鏢 —— 憤怒，你大罵孩子：「你到底為甚麼把玩具丟在地上？」第二支飛鏢經常觸發更多負面情緒，例如，你會對自己的憤怒感到內疚，並因內疚而感到痛苦，最終陷入困境。

接納——控制是問題

鏟子的用途

想像一下，你跌入一個非常深的洞裏，身上唯一可幫助脫險的工具就是一個鏟子。你不知道該怎麼做，感到絕望，你開始用鏟子嘗試除掉洞內的泥土。只是越鏟得多泥土，洞就變得越深，更難以脫離。你會否想想有沒有其他更好的方式使用鏟子？或停下來等其他人來幫忙？

這正是逃避經驗的情況，我們往往希望擺脫困境而產生焦慮，因而更加陷入困境。

潛水的意外

有一次當我在海中潛水時，突然遇到很大的風浪，將我捲進更深的大海裏。我最初希望使用僅餘的氧氣，奮力在海中向船的方向游去，卻發現無論使用多大的氣力向前游，海浪都會將我推回原處，令氧氣消耗得更快。

最後我決定不再跟大浪搏鬥，不再苦苦掙扎，反而將所餘無幾的氧氣讓自己緩緩向上浮到水面，才發現海面上有多艘船隻在我的身旁，等着把我救起。

眼　疾

　　有一位患有眼疾的老師跟我說，從前她越希望看清黑板上一些細小的字，她便越要用神，眼睛就會越痛，同時也令眼疾加深。後來她學懂了不去強迫自己，放下了必要將某些事物看得清清楚楚的心理。她發現不去執着看清楚後，她的生活不但沒有受阻，同時眼睛也沒有那麼痛。

沙灘球的彈力

　　請容許我向你訴說一個我在沙灘玩耍的經驗。某年夏天，當我在海中游泳時，發現面前飄着一個沙灘球，它擋在我的前面，於是我便停下來，希望弄走這個可惡的沙灘球。我用力按着沙灘球，試圖把它按下水，令它消失。但我慢慢發現，當我越用力把沙灘球往水裏壓時，它的反彈力便越大，結果我花盡力氣也無法令它消失。反而當我因力氣不足而放手時，沙灘球便從水中彈起，重重地打到我的面上。後來我漸漸明白，只要我將沙灘球從手裏放開，它便被層層的浪花推往大海，最終消失得無影無蹤，而我又可以繼續游泳，與朋友一起玩耍。

　　其實我們腦中的負面情緒及想法，就像那個沙灘球一樣，與其費力氣跟它搏鬥，倒不如放開雙手，讓它隨我們的心浪慢慢飄去。

浮沙，流沙

　　我們都看過以下類似的電影情節，當一個人跌進浮沙或流沙之中，不斷請求旁觀者把他救出來，隨着掙扎越來越劇烈，陷入的速度也變得越來越快，直到沙子淹沒頭頂，最終誰也救不了他。原來在物理現象上，當人在浮沙、流沙中沉至腰間，就會被流沙的浮力承托，只要不再劇烈掙扎，便不會再往下沉。

　　當我們在困境中越想掙扎求生，反而會越跌越深。那個時候，強求控制才是真正的問題根源。

岸邊看海浪

你有否試過在大風的日子到海邊散步？當你見到波濤洶湧，巨浪像雷電般擊到岸邊的岩石之上，心中難免會有一點害怕。然而，只要你安靜地站在岸邊，與大海保持一些距離，那麼你仍然安全得很。

我們的情緒就好像那些大風中高高的巨浪，看似時刻都會把我們吞噬。原來只要跟它保持距離，像旁觀者般觀察，你便會發現它不會撲到你的身上，隨着時間和風的減退，大海也會慢慢平靜下來。

粉紅色的大象

現在我希望你聽好，請跟着我的指示來練習。

我請你現在「忘記」一隻粉紅色的大象，「忘記」一隻粉紅色的大象，「忘記」一隻粉紅色的大象，「忘記」一隻粉紅色的大象。

請問你現在腦海裏出現了甚麼呢？是否就是那粉紅色的大象？為甚麼我不斷請你「忘記」，你卻緊緊記着它？

這個練習就跟平常的你一樣，當你越是壓抑一個不想要的經驗或想法時，結果越是把它牢牢記住。

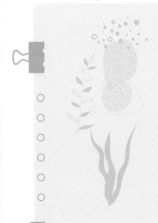

停車場

　　我們的腦袋就好像一個停車場，裏面有一定數量可以停泊車輛的位置，而我們的經驗（包括念頭、情緒、記憶和感覺等）就像是一輛輛汽車，都會泊在停車位。不論是使人愉快又或是使人悲傷的車輛，都有機會停泊在這裏，而它們往往都自來自去，自由進出這個停車場。

　　有些時候，我們會希望將所有負面的經驗棄掉，好像我們要求同一時間將所有悲傷的車輛駛出停車場，結果反而將出口堵塞了，讓整個停車場都塞滿了那些不想要的車輛。其實只要我們打開閘門，讓車輛自來自去，那些悲傷的車輛也會在不知不覺間離開我們腦中的停車場。

思維的火車

我們的思維就像一輛不斷前進的火車，因為習慣，我們彷彿只能活在這火車當中。當火車的路軌是鋪往我們希望前往的人生方向時，那固然沒有問題。但假若我們希望的生活不是路軌指引的方向時，那麼應該怎樣做呢？是否想盡方法令火車脫軌？還是應該選擇中途下車，並學習下車的方法？

思維就是我們的語言，它固然能夠幫助我們與世界接觸，並向前邁進，但不代表我們永遠不能離開一些不合適的思維，盲頭向不適合的方向前進。

拔河比賽

　　你可能覺得自己正在與一隻怪物進行拔河比賽，它就像你正在對抗及不想要的經驗、身體的痛楚、痛苦的回憶、不利的處境等等。看起來你不能勝出，你發現自己越用力拉，怪物也就越用力對抗。有時甚至覺得，你和這力量之間有一個無底深淵，只要你被它拉倒，便會跌進深淵永不翻身。於是你更用力地跟它拔河，想盡各種更有力和更強的方法對抗。你不停期望有方法能夠幫助你勝出。

　　就在此時，我想告訴你一些截然不同的看法：要贏到這次拔河比賽，也許你的任務不是用力拉倒對方，而是要掉開繩子。

　　是的，怪物仍然存在，但你不再需要與它抗爭。那些不想要的經驗也一樣。當你放棄鬥爭時，你會竊取它的力量。

（Hayes, 2005）

鯊魚檢測器

試想想你正坐在一張檢測焦慮的椅子上，椅子下有一個滿載鯊魚的魚池。只要椅子檢測到你有焦慮時，它便會自動倒轉，把你掉進魚池內。你當然會努力放鬆自己，想盡方法使自己不會感到焦慮。但當你拼命叫自己不要想像掉進池中或池中的鯊魚等畫面時，焦慮卻立即出現了，結果「卜通」一聲，你便掉進水裏。

取消追蹤

　　有時候我們的腦海就像臉書或微博中不斷彈出的貼文一樣，有些貼文令你感到愉快，有些貼文令你感到悲傷。只要你細心觀察，便會發現我們只需讓某貼文出現，稍等一會讓程式更新，其他新貼文便會蓋過那舊貼文。

　　我們的念頭與情緒也一樣，只要讓它出現，更新，那些感受也會隨之消失。你亦可以好像在臉書或微博中，按下「取消追蹤」，那些資訊便不會每時每刻都出現在你面前。

靜觀藍圈章魚

突然一陣暈眩感向你襲來，你開始視力模糊，然後感到漆黑一片。你開始無法說話，漸漸死去。當你被世界上最毒的生物 —— 藍圈章魚咬到，便會有以上的感覺。

藍圈章魚是一隻只有棒球般大的海洋生物。如果你有一天潛水時見到藍圈章魚，會怎樣做呢？選擇走到牠身邊然後把牠捉住，忽視牠的存在，或是安靜地觀察牠的動向？

如果你選擇第一個方法，章魚必定會向你攻擊，被咬的機會很大。如果你選擇忽視牠，章魚的一舉一動我們便無法知情，就算牠突如其來發動攻擊，我們亦無法走避。第三個方法就是安靜地面向牠，留意牠，察覺牠的去向，牠便會慢慢游開。

當我們面對不想要的經驗也應如此，不須跟它追逐或把它捉住，也無需忽略它的存在，而是靜靜地觀察，讓它慢慢地離我們而去。有時候或者可以把自己看成一個海洋生物學家，在安全情況下遇上一隻藍圈章魚。只要你以開放的心來細心觀察牠，你便會發現牠的一舉一動都十分迷人，牠身上的顏色還美麗無比。

（Harris, 2012）

你在海底嗎？

記憶是有深度的，當你每次回憶起往事，就好像進入繽紛色彩、卻又充滿危機的海洋裏，你看到多樣的物種，慢慢往深海裏沉，彷彿潛入了一個讓人眼花繚亂的世界裏。藍圈章魚游過，你想抓住牠，卻被咬到，失去知覺。

所有無法被接納的經驗就如水草般緊緊地纏擾着你，令你以為自己活在海底。你以為自己不能逃，不能躲，害怕得不敢張望，然而此刻的你身在何方？其實你正站在崖邊，不斷凝望着海洋。

再重新確認自己身處的位置，現在的你並不在海洋裏，你是安全的，即使你再遇見那隻章魚。你可以開放的心、細心地觀察牠的一舉一動，不用害怕牠的毒液，只集中欣賞牠那迷人的姿態和鮮艷的顏色。

同樣地，有時面對我們不想要的感覺時，我們不用捉住、追着或者躲開它，可以靜靜地觀察它，因為這些體驗會來亦會走。

宴會上的不速之客

不知道你有沒有發出過邀請，歡迎朋友來你家作客？最初到來的都是一些你喜愛和熟悉的朋友。然而，突然來了一位你不太喜歡的朋友，你的心情為之一變。如果此時你拒絕他／她進入家中，並在門口鎖上重重鐵鎖，那麼你的宴會將會發生甚麼事？

已經在場的朋友可能接受不了你的做法而離開，宴會也因此弄得不歡而散。反之，若果你抱着當初的本意，歡迎每一位朋友來你家作客，主動開門迎接這位你不太喜歡的朋友，最後你會發現，對方跟其他客人一樣，只是在你家隨便走走而已，你的宴會也能如常舉行，不會受到影響。

請你明白，「歡迎」他並不意味着你一定要「喜歡」他。我們只須接納他的存在，不用控制或是刻意迴避。

家門前的小老虎

試想像一下，有一天你在家門口發現了一隻小老虎（這確實不常見）。你覺得牠沒人照顧，很可憐，便收養了牠。最初牠還很細小，餵養和照顧牠都沒有感到甚麼問題。但是慢慢你便發現，你給牠越多食物，牠的體積變得越大，力量也變得更強，牠的貪婪、控制和要求變得更高。最後你不斷用餵牠的方法來使牠平靜，最終牠把你趕走，你便無法再進入自己的家。

其實很多負面情緒及想法就好像那隻老虎，若我們不斷關懷或保護牠，忍讓牠，牠便會慢慢長大，最終我們再沒有辦法掌控牠，只好終身為牠而活。

變短的鉛筆（活動）

現在枱上有一支鉛筆及一張白紙，請你在白紙上寫下現時在你腦海中浮現的事。

你會否留意到，當你寫得越多，鉛筆芯會漸漸消耗，鉛筆會變短。好像我們越用力去想腦中煩擾的東西，我們的生命也被慢慢磨損、消耗。當我們在想法中掙扎，受傷的就是我們自己，而掙扎本身也成了最大的問題。

生命的鉛筆刨（活動）

現時枱上有一支鈍了的鉛筆及一個鉛筆刨，你可以幫我把筆削尖嗎？

削尖以後，你可以繼續再加速削尖那支鉛筆嗎？

直到鉛筆斷掉為止……

我們的腦袋就像一個懂得反思及吸收經驗的鉛筆刨，它本來可以把我們鈍了的生命重新削尖。但原來過度思考、情緒過於糾纏及掙扎，最終只會削斷鉛筆，削去生命力，反而傷害了自己。

看書請保持距離 (活動)

我手上有一本書，請你嘗試專注地看清楚印在書上的字，我會把書漸漸靠近你的面前，最後這本書會蓋住你的眼睛。這刻你希望再看清楚書中的字，但你只看到模糊一片，甚麼字都沒法看清，因為書已經把你的眼睛完全蓋住了。

同樣地，當你心裏越執着要看清想清事情時，便會越將它放大。最後那些被放大了的事，會完全蓋住了你的內心，你越希望看清楚，反而甚麼都已經看不到，連周圍那些關心你的人及一些快樂的情境，你都通通看不見了。

這時候你最需要做的，就是把書移開，放在你眼前適當的距離。如果你和自己的思想保持一點距離，就能將它看得更清楚。這個方法或許不能消除或控制痛苦，但卻讓你學會如何更自由及靈活地活在當下。

放下心上的書（活動）

現在試試拿起一本書，把你最近不想要的經驗都投放在書上，那些經驗可能是情緒、畫面、記憶、人物等等。接下來你嘗試拿着書慢慢地向自己的臉頰靠近，靠得越近越好，請問你有何感覺？如果要你維持這個狀態一年，你又會如何？這情況就好像我們被不想要的經驗控制一樣，使我們甚麼都看不清楚。

現在，讓我們一直望着書本，然後試試慢慢伸直雙臂，將書放得越遠越好，當你維持這個狀態，請問你有何感覺？如果要你維持這個狀態一年，你又會如何？這情況就好像我們希望推開不想要的經驗，但卻仍然把它拿在手裏，最後我們也是甚麼都看不清楚。其實不論靠得很近還是距離很遠，我們都在試圖控制這些不想要的經驗，不想放手，長遠來看，就好像你剛才感受的一樣。

在這個世界上除了控制之外，我們還有第三種方法。現在請你試試把書本放在你的大腿上，然後吸一口氣，慢慢呼氣，留意一下四週的環境。請問你有何感覺？這就是第三種方式。我們可以選擇放下執着，不去捉住這些不想要的經驗，讓它自然出現，讓它自然消失，不用與它掙扎，也不用迴避它。

（Harris, 2012）

與此時此刻連結

時間線上

過去沒法改變，將來沒法預知，兩年前你不會預想到自己會坐在這裏一樣，同樣你也不能預想未來兩年會有甚麼事情發生。

你能夠做的只有擁抱此刻，好好體會及感受，並為自己認為有價值的事努力。

掌握這一刻

對於過去許多痛苦的回憶，

我們沒有辦法改寫；

對於未來眾多憂慮的事情，

我們沒有能力預計；

那麼我們可以好好掌握的，

就只有此時此刻了。

昨天的水與明天的水

　　曾經有一位傻小子被困在沙漠中，他一直向前走，希望找到出路或綠洲。但他發現走得越遠，他便越口渴，所以便停下來，不再努力在當下找尋水源，他還開始胡思亂想：「如果昨天知道今天會渴死於此，我在前天便應該多喝幾口水！」沒多久，他的身體到了嚴重缺水的地步，亦已經動彈不得，當他神智更加混亂時，卻想着：「今天雖然我渴死於此，但明天我若然能找水源，我必定要大喝一場！」最後他便被沙淹沒了。

　　我們不能預先喝下明天需要的水，也無法在明天補償今天需要的水，人實在只能積極地活在當下，才能知道自己正在的需要。

拋下情緒的錨

你有乘船出海，遇上風浪的經驗嗎？當大浪翻起，船好像只能隨波逐流，任由風浪帶船飄到未知的地方。有經驗的船長都曉得，面對這種情況最好的處理方法，就是將船錨扔到海底，固定船的位置，不跟風浪搏鬥，直到風浪過去，船便可以繼續航行了。

有時候我們的情緒和念頭，就好像大海中的風浪，我們就像海中那艘船，被風浪打得東倒西歪，隨浪飄走。即使情緒的風浪再大，我們都可以向船長學習，將船錨扔下，固定自己的位置，不跟情緒的風浪搏鬥。

正念（呼吸）就是心中的船錨，讓我們安靜地穩定在風浪之中。

預 期 的 旅 行

　　相信你必定會有旅行的經驗，現在我希望你回顧上次旅行的記憶。你能否想起由出發一刻到旅行結束之間，你的心情有可變化？當你剛剛準備出發的時候，心情是興奮的，因為你預期在未來數天將會有愉快的經歷；當旅程即將完結，你的心情便會回復平靜，甚至變得低落，因為你知道將要回到工作崗位，並預期有很多工作等待着你。假期可能還未結束，但低落的心情已經開始糾纏着你。似乎身處旅程當中並不是影響你的主因，反而是你對未來的預期，才是使你心情低落的元兇。

　　人如果經常專注在預測未來的事情，情緒便很容易出現不必要的波動，甚至會使我們身在幸福中仍會感到不安。學會專注於此時此刻，你會有更真實的感覺。

你就是大樹

一棵通天大樹，樹根深入泥土，樹幹堅挺，繁茂的枝葉向世界伸展，在世界中頂天立地。一棵將要枯萎的樹，樹根鬆散，樹幹彎曲，枝葉頹靡。從日常看見自己不同的身體姿態，也就知道心中大樹的情況。為此，每當察覺自己的姿勢有如枯萎的樹，樹根鬆散，樹幹彎曲，枝葉頹靡，我便會溫柔地提醒自己向通天大樹學習。

首先，我會將自己深入泥土裏，把雙腳好像樹根一樣植入地下，牢牢地抓緊泥土，固定自己。感受一下雙腳，以及與地面接觸的壓力。然後，我會挺直身體如堅挺的樹幹，讓肩膀微微向後拉直。感受一下從脊骨，腳，再到腳板，落到地上的重力，就像將自己深深地植入泥土中，屹立不倒。第二，我會慢慢地從樹根吸取養分至樹幹。我會把注意力從雙腳移至我的身軀，感受一下自己現時姿勢的改變，感受一下自己的呼吸，以及呼吸所帶來的一起一伏。不用刻意控制呼吸，讓呼吸自然而為。接着，我會把注意力擴展至全身，同時感受整棵樹的感覺。一呼一吸，如同一棵大樹一樣。最後，我會如大樹繁茂的枝葉向世界伸展。我也把自己迎向世界，刺激所有感官：眼、耳、口、鼻和身。細心地、好奇地留意此刻自己看見甚麼，聽見甚麼，嚐到甚麼，聞到甚麼，觸到甚麼。同時仍感受着整個身體的感受，一邊留心這個世界。

感覺一下此刻的自己在哪兒和在做甚麼。調整完後，便全心投入自己眼前的事務，一心一意。

活着與半活着

假如你正在一間酒店房間內往窗外望，看見了一個平靜的湖，太陽的柔光隨着波浪起伏若隱若現，附近佇立着一座翠綠的山，白雲在澄藍的天空散聚無常。光是看見這樣的光景，我們便感到舒適。但是，我們無法感受那溫涼的湖水，那和暖的陽光，山林的草味，白雲的幻變。

這也許可稱作「半活着」的狀態，我們只是得到部分經驗，而錯過了很多寶貴的實際經驗。

現在假設我們踏出房門，五官盡情地投入此時此地，感受和接觸生命的美好。我們能夠走到湖邊，伸手感受一下那溫涼的湖水；我們能夠步出室外，感受那和暖的陽光；我們能夠走進山林，感受那青青草味；我們能夠在亭閣坐下，感受那白雲的幻變。凡此種種，皆以開放的心接納與感受，這也許才是充分「活着」的狀態。

種麥子

　　有一條村盛產麥子，每年農民都辛苦栽種、收割。某年他們快要收割麥子的時候，一羣土匪來了，把他們辛苦種成的糧食通通搶走。第二年，大家都準備防衛土匪，全村男女老少都去站崗放哨，今次真的把土匪打跑了。可是，回頭一看，卻發現大家因全力準備全民戰而忘記種麥子，結果全村人都沒有糧食過年。

迷途不遠

　　歸去來兮，田園將蕪胡不歸！既自以心
為形役，奚惆悵而獨悲？悟已往之不諫，
知來者之可追。實迷途其未遠，覺今是而
昨非。

《歸去來兮辭》（選句），陶淵明

譯文：回去吧！田園快荒蕪了，為何還不回去
呢？既然自己的心靈為形體所役使，為何鬱鬱
不快、獨自悲傷？明白以往的錯誤已經無法
改正，未來的事情卻可以補救。事實上我迷途
並不太遠，已經明白今天的想法正確，而以往
的做法不對。

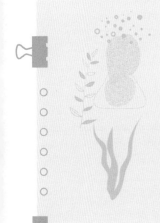

放滿沙子的漏斗

不管漏斗裏有多少沙子，每次只會有一粒沙可以穿過漏斗的小洞往下流走。

生活都是這樣，不管有多少事等着你去做，也只能一件一件做，焦急、憂慮都沒有幫助。所以，何必焦急，何不活在當下呢？

看花

朝看花開滿樹紅，
暮看花落樹還空，
若將花比人間事，
花與人間事一同。

龍牙禪師

　　花開花落平常事，就如人間事，不會恆定不變，因亦毋須過分喜或悲。

飯的味道（活動）

首先準備一粒飯，然後問問自己平時吃的飯是甚麼味道的，若答案是無味或少少甜，請你試試這個體驗，感受飯的味道。

先喝一口清水，清洗一下口腔，然後將一粒飯放進嘴裏，先不要咀嚼，純粹感受飯粒的大細，再慢慢咀嚼吞下，你就會感覺到飯粒比以往每天吃的，都要香甜得多。

這可能是一個全新的體會，以往忽略的東西都比較立體地呈現，五官都顯得敏銳，令你對自己有更多的察覺。只要你活在此時此刻，很多你從來沒有察覺的東西都會出現，進一步想，你曾經深信的東西未必是事情的真相。生活只要全神貫注地專注在此時此刻，對感覺不要多加批判，讓它自然出現。

手 指 指 標 (活 動)

當你靜下來細心觀察自己腦海中的念頭時，其實每一個想法都會有一個相對應的時間。

當你的念頭浮起時，你可以嘗試為它指出它的時間點。指標從左至右共有五點，分別是遙遠的過去、最近的過去、現在、很近的將來、遙遠的將來。當你察覺到念頭的時間點時，你可以稍為移動一下手指頭去顯示所在的時間線。當你發現你的手指頭不在現時，又可以稍稍地提醒自己一下回到當下，繼續去察覺浮出的念頭。

對橘子的專注（活動）

吃橘子，怎樣才算是吃得專注呢？當你吃橘子的時候，你清楚知道自己正在吃橘子，可以全面地感受橘子的香和甜。當你剝橘子皮，你知道自己在剝它的皮。當你把一片橘子肉剝下來放進口裏，你知道正在把一片剝下來的橘子肉放進口裏。當你體驗着橘子的芳香和美味時，你察覺到正在體驗着那芳香和美味。難陀芭娜給我的橘子有九片。當我吃每一片的時候，都察覺它是如何的難得和美好。我吃橘子的時候，一直都沒有忘記它。對我來說，橘子是非常真實的。如果橘子是真實的，吃它的人也是真實的。這就是怎樣去專注地吃橘子。

《故道白雲》（佛陀傳記），一行禪師

雨傘與醬油

脫離糾結

　　從前有位老婆婆經常哭泣，原因是她有兩個女兒，大女兒嫁給賣雨傘的老公，小女兒嫁給賣醬油的老公。每當婆婆看到陽光普照，就憂慮得流下眼淚，擔心大女兒的雨傘沒人買；等到下起雨時，她還在哭，因為她擔心小女兒店裏的醬油沒有太陽曬，醬油做不出來，那怎麼辦？老婆婆每天憂心忡忡，無論晴天雨天，她都在哭泣。

　　有一天，她遇到一位大和尚，問她為甚麼天天哭，她便說出原委。這位和尚聽了後便笑說：「老婆婆，你不要難過，我告訴你一個解決方法，你就不會天天哭了。」和尚接着說：「你只要把想法改一改：太陽高掛的好天氣，不要想大女兒的雨傘賣不出去，而想到小女兒的醬油店可以曬很多醬油，生意一定興旺。遇到下雨天的時候，你就改想大女兒的雨傘店可以多賣幾把雨傘，生意一定很好了。」這位老婆婆聽了之後，恍然大悟，不但不再哭泣，反而天天高興得笑逐顏開。

盲人摸象

　　從前，一位聰明的皇帝請了幾位天生失明的人到皇宮裏，帶他們去觸摸一隻大象，並要他們形容大象的模樣。那位摸象腿的盲人認為大象似房屋的支柱；摸大象尾巴的認為大象有如毛掃帚；摸大象耳朵的便説大象似個藤箕；摸大象肚子的則説大象如大桶；摸頭部的就説大象似個大缸，而摸象牙的則説大象如一根棒。當他們坐下來討論研究時，各持己見，因而演變成一場劇烈的爭論。

　　其實我們的所見所聞，都只是片面的真相。如果我們以為那就是全部的實相，便很容易會立下了一個歪曲的結論。每個人應該抱着謙卑和開明的心態，要自知對事物未有全面的了解。我們要不停地努力深入學習，才會有進步。我們一定要明白，執着自己的見解就是絕對的真理，才是妨礙我們證得真相的絆腳石。要在生命中有進展，有兩個必要的條件，那就是謙卑與開明的心懷。

（一行禪師，2007）

穿鞋子的痛

　　當你不斷受痛苦及悲傷的思想、感受困擾時，便只會察覺到內心的痛苦。

　　現在嘗試將注意力集中於你現在穿着的鞋子上，你會察覺鞋子正跟你的腳磨擦，甚至可能有些痛的感覺。或許你會覺得鞋子的磨擦沒有甚麼大不了，只要不加注意便沒有問題。其實內心的痛也是同一道理，若然身體真實的痛楚也尚且可以放下，為甚麼面對內心的困擾你又必要用力抓住呢？

真正的兒子

　　讓我告訴你一個故事，是一個年輕鰥夫和他那五歲兒子的故事。這男子愛他的兒子多於自己的生命。一天，他要出外辦事，留下兒子一人在家。他出門後，一羣土匪入村把全村劫殺擄掠，他的兒子也被擄走。當他歸來發覺房屋已被燒毀，附近伏着一具燒焦了的童屍，便以為自己的兒子已慘遭殺害。他呼天搶地，然後把兒子的屍體火化。因為愛子心切，他將骨灰放入一個袋裏，時常帶在身邊。數月之後，他真正的兒子擺脫了土匪的監視，偷走回家。那時正當深夜，他大力敲門。父親當時正抱着骨灰憶念涕哭，沒有理會門響。即使兒子大聲呼叫，他也不予理會。他深信自己的兒子已死去，還以為那是附近的頑童戲弄他而已。最後他的兒子只好流浪他鄉。父子便永遠訣別。

　　你看到吧，朋友。如果我們對一些信念執為絕對的真理，也許我們有一天會落得如這個鰥夫的下場。如果我們以為自己已盡得真義，當真理真的來臨時，我們便無法把心扉打開來接納它了。

（一行禪師，2007）

六個人的評價

試想像在你面前，有六個你最好的朋友，他們正在喋喋不休地討論你，話題中有些關於你好的一面，有些談到你壞的一面。你好奇地開始向這六個朋友發問，問他們覺得你孰好孰壞？

如果答案是四好兩壞，那麼你算是個好人嗎？若然是三好三壞呢？又或是兩好四壞呢？那又如何？

我想告訴你，你的好壞取決於自己，而並非建立於其他人的看法上。只依照其他人的想法過生活，你永遠都不能做回自己。

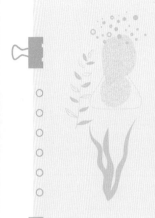

臉書的昔日回顧

不知道你有否注意，在眾多的社交媒體功能當中，有一項稱為「昔日回顧」。它會提醒我們在某年前的那天，跟誰在某地有一些回憶，還會邀請我們按讚及分享。

其實我們有很多不想要或負面的經驗，就好像這些社交媒體偶然彈出的昔日回顧訊息一樣，它們會偶爾出現來提醒你。但重要的是你可以選擇怎樣處理這些訊息，可以察覺它們的存在而不去理會，可以稍稍跟一些好朋友分享這些經驗。然而我們更需要明白的，就是這些訊息只是與從前相關的訊息，不代表你此刻的思想與心情。

度數不對的眼鏡

近視的人戴上眼鏡後，整個世界變得清晰了。同樣，我們的思維也在協助我們看清這個世界。不過有些時候，我們的視力會隨時間及環境改變，眼鏡的度數也需要調整。畢竟眼鏡不全是「我」，它只是輔助工具。

同樣，當時間和環境不同，生活改變時，我們的思維也需要調整。「畢竟思維不全是『我』，它只是輔助工具」。

果醬瓶上的標籤

　　某天有一位小朋友帶着老師到超市選擇果醬，他跑到放果醬的貨架前，拿起五花八門的果醬卻拿不定主意，要求老師為他讀出貼在果醬瓶上的材料標籤，於是老師便一一讀出來。老師唸完之後，小朋友仍然下不了決定，因為他聽到每種材料的名字時，都立即在腦中想像可能的味道，覺得那些果醬都美味無比。最後他選擇了其中一瓶，買回家並立即品嚐。當他將果醬送入口中時，卻發現味道並非如他所想那麼好吃，便向老師投訴，暗罵老師沒有正確唸出果醬的材料標籤。老師聽了之後卻笑着回答：「果醬瓶上的標籤只是材料的名字，而非果醬本身的味道。」

旅行廣告

有一天一位朋友看到雜誌上的一個旅行廣告，當中描述的行程精彩絕倫，使人目不暇給。他決定參加這個旅行團，希望獲得一次愉快的經歷。到達目的地後，旅行團安排的每一個參觀景點雖然與廣告相同，但當中的服務內容卻與廣告描述的有很大的出入。行程完結後，他立即前往旅行社投訴，誰知道負責人竟對他說：「旅行廣告只是對旅程的描述，並不是旅程本身。每個人對相同的文字都會有自己的幻想，這並不是旅行社的責任！」

我們的思想有時就是一些有關生活中的廣告，其實並非生活的本身。

高鐵列車

當你反覆回憶和糾纏於自己過往的思想和行為時，讓我跟你講一個小故事：

現在的高鐵列車，在正常情況下時速可以達到 300 公里。可是，一位駕駛員很不放心，害怕列車因速度太快會出現故障，結果他每開出一公里，就停下來檢修一遍。你覺得，他這樣做，高鐵列車的速度會變成怎樣呢？

擾人的廣告訊息

　　想像你正在互聯網上用搜尋器找資料。好不容易找到了一個相關的網頁，打開網站後，同時有多個廣告訊息在屏幕上彈出，遮蓋了那個有用的網頁內容。你會怎樣做呢？你會因為那些廣告而不再觀看那個網頁？還是會關掉那些廣告訊息，或將重要的那頁放在屏幕最上的一頁，使自己能夠繼續查看需要的資訊呢？

　　我們的腦袋會不自覺地出現一些不想要的思想與感受，它們就好像那些廣告訊息，遮蓋了我們希望專注的東西。只要察覺它們的出現，將注意力放回有意思的事情上，那麼它們便會在屏幕中慢慢消失。

一夜白頭

傳說中有一個關於伍子胥的故事：伍子胥是春秋楚國人，當時在位的楚平王有一個兒子太子建，而伍子胥的父親伍奢就是太子建的老師。

後來太子建被誣告，要逃亡到隔鄰的宋國，為此楚平王把伍奢監禁起來。伍奢的大兒子伍尚擔心父親被害而前去營救，結果和父親一起被楚平王殺死。伍子胥知道楚平王要把他們一家趕盡殺絕，想要逃到吳國，這時楚平王已經命人畫了他的人像，貼在楚國各地的城門口，並懸賞捉拿伍子胥。

當伍子胥來到城門附近時，因為他極度憂心的緣故，一連幾夜沒有睡覺，頭髮、鬍鬚都變白了。守城門的官兵卻因此認不出他，讓他過了關口。

格多・格多～喔喔（對答活動）

人體的神經系統是以添加，而不是以縮短的方式來運作的。當你叫自己不去想某些念頭時，事實上也就添加在語言的網絡裏，反而令人牢牢記住。當我們試圖消除語言時，就好像想要甩掉黏在手上的膠紙一樣。

歷史是很容易「創造」的。

假設我是某公司職員，有一天我告訴你：

我們打算在可見的將來找你。如果你能夠回答一個問題，我們就會獎你 100 萬元。而你需要做的，便是謹記以下的暗語：「格多・格多會説『喔喔』」。重覆一次，「格多・格多會説『喔喔』」。不要忘記這句句子。對你來説這是價值 100 萬元的。有一天，公司的獎金巡邏隊會突然出現，請你説出暗語，如果你答對便可以中獎。現在我們再練習一次，這樣你便不會忘記了。

格多・格多會説甚麼？

＿＿＿＿＿＿＿＿（由個案回答）。

不要忘記。格多・格多會説甚麼？

＿＿＿＿＿＿＿＿（由個案回答）。

很好！

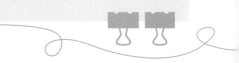

　　現在，我告訴你我在說謊。其實沒有甚麼百萬獎金，我們亦不會在未來找你。不過，就算你知道了我在說謊，你是否仍然會想到，明天我們會奇蹟般敲你的家門，然後問：「格多‧格多會說甚麼？」你還會記得怎樣回答嗎？到了下星期又如何呢？你還是會記得「格多‧格多會說『喔喔』」嗎？再過一年呢？你還會記得嗎？試想想，在你臨死之前，我們再問你這個愚蠢的「格多‧格多」問題，你有沒有可能，還記得答案是「喔喔」呢？

　　你餘下的人生，都會浪費大腦寶貴的空間，記着這一句無聊的說話，而告訴你這事情的又是一個你不熟悉的人，你是否覺得自己十分愚蠢？這就是思維奇怪的地方，而這就是語言的作用。

　　要在你餘下的人生，建立相類的思維網絡，也許是件很容易的事。而你過去的痛苦經歷，同樣建立了思維網絡，不斷在你腦內出現，持續一生。一些出現在你腦海的字眼，也許是對自己的負面評價，例如「實際上我是個＿＿＿＿＿＿＿＿＿＿＿。」

　　當你跟這些想法苦苦掙扎的時候，你也可以平靜下來，察覺這些給你帶來傷害的詞彙，其實跟「格多‧格多會說『喔喔』」一樣，不就是詞彙而已，那麼你的世界就會截然不同。

（Hayes, 2005）

閉氣練習（活動）

你最長可以閉氣多久？現在來嘗試一下，這個練習我會為你計時。

請你用力吸一口氣，然後閉氣。（個案閉氣，為他計時。）

好，完成了。

現在，請你回憶剛才閉氣時的情況，有否察覺在閉氣的時候出現一些念頭和思想聲音，在你腦海中不斷勸你停止閉氣，並開始呼吸？有否留意到還有其他特別的感覺？

現在我們再試一次，今次我希望你以一個開放的心，來感受這些念頭和感覺。我會再次為你計時，看看你能夠閉氣多久？

請你用力吸一口氣，然後閉氣。（個案閉氣，為他計時。）

好，完成了。

這次的體驗中，在你將要呼吸的一刻，剛才那些勸你停止閉氣的念頭／聲音是怎樣的？它們何時出現又何時消失？有沒有一些念頭是你沒有想過，卻又出現了？

你可能已經發現，那些念頭或情緒出現時，它們不一定可以控制你，例如勸你停止閉氣並開始呼吸，最終都沒有使你放棄練習，你依然有能力可以留意它們，感受他們的出現和消失。

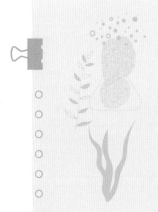

雙手掩眼（活動）

請你試試用雙手遮掩眼睛，現在你只能看見黑色，半點光芒或其他東西都看不見。如果此刻有人問你的手是怎樣的，大概你只能回答是黑色的。若然你慢慢地把雙手移開，放到眼前一個合適的位置，你可能會回答看見了指紋和手指。

同樣，如果你和自己的思維保持一些距離，你也會把它看得更清楚。雖然這個方法不能消除或控制痛苦，但它會讓你學會如何更自由及更靈活地活在當下。

（Hayes, 2005）

投放你的感受在地上（活動）

現在請你試試把此刻的感受投放在前方一兩米的位置。投放了以後，請問現時的它是甚麼顏色的？它的大小？形狀？重量？質感呢？現在看着它，它就是你感受到的象徵形狀。你需要與它抗爭嗎？怎樣的顏色大小形狀力量質感的「感受」是你無法接納的？這東西一定是你的敵人嗎？仔細看，它其實是一個無處可去的東西。

如果你在做上述活動時，感到有抵觸、對抗、厭惡、批評等感受。那麼把先前的形象移開一點，把另外那些感受再投放出來，同樣問問自己，它的顏色大小形狀力量質感是如何的？需要與它抗爭嗎？怎樣的顏色大小形狀力量質感是你無法接納的？這東西一定是你的敵人嗎？再仔細看，它們也是無家可歸的東西。

準備好的話，我們是時候接回那些無家可歸的傢伙，盡量以慈愛的心來迎接它們。即使它們既骯髒又疲勞，你也未必歡迎它們，然而謹記它們無家可歸啊，何不試試接納它們，讓它們成為自己的一部分？

（修訂自 Hayes, 2005）

唱一首情緒的生日歌（活動）

在本練習中，請你選擇一個負面的想法，將它讀成「我是 XXXX」的形式。現在，試試哼出《生日快樂》歌的旋律。請你將「我是 XXXX」作為《生日快樂》歌的歌詞，然後我們一起大聲唱，例如：「我是沒用～沒用～我是沒用～沒用～～～」

你是否已經察覺到，相同的一句說話，你在腦中思考時感到悲傷，但當你高聲把它唱出來時，卻會令你哈哈大笑。這說明了語言並不等於情緒，也不能夠代替情緒。

聲音扮演（活動）

你可以試試把你腦中此刻的負面念頭，換上你最愛的聲線，例如唐老鴨或米奇老鼠的聲調，將念頭大聲朗讀一次。留意一下聽到這些念頭有否一些特別的感覺？很陌生，還是很有趣？

你有否察覺到念頭原來只是一連串的文字？

不同的語言（活動）

　　請你嘗試用一種你不純熟的語言，例如普通話、英語、廣東話等，描述一下內心的困擾。試試盡量大聲地說出來，好像你面前有很多聽眾一樣。

　　你會否發現這是一件很困難的事，你的情緒似乎未能流暢地表達出來。這便說明了語言並不等於情緒，也不能夠代替情緒。

＊使用此比喻時，一定要知道該使用者不太熟悉的某種語言。

看冰塊（活動）

請你細心留意冰塊在透明玻璃杯內慢慢融化的過程，直到冰塊都變成水為止。完成後心裏有何感想？

其實你在腦內經常捉緊的情緒、念頭或事情，就像冰塊一樣，都是變化無常的，會隨時間改變，沒有一點可以留住原貌。我們時常想着困擾的事情，就像嘗試抓住冰的某一刻，而忘掉了冰在室溫時每刻都會隨時間融化為水。

請謹記，我們的思想是會不停轉動改變的，也會轉化成別的形態，就讓它們流動吧！

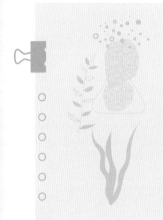

握在手上的冰 (活動)

如果你經常內心感到痛楚，請你試試這個練習吧！

請在冰箱中找一顆冰塊，將它放在手裏，直到它完全融化。過程中手慢慢感到痛楚呢？若有，它跟你剛才所講的內心痛楚有沒有分別呢？哪一種痛比較真實呢？或者你已經發現，與你此刻手中凍感的痛楚相比，剛才你所形容的心痛更像是想像出來的。

幸運的是我們想像中的痛，跟那塊冰一樣，我們可以與它共處，最後它會慢慢融化、消失，你手上的凍感也會消失。

電腦上的文字（活動）

請你在電腦中打開小畫家／文件檔的程式，把你最近一些不想要的念頭打在電腦上。現在試試轉換那些文字的顏色和大小，看看這些念頭對你有沒有不同的感覺？

接下來，你可以試試把那些文字或句子分拆數行，或將它們連在一行，或垂直地逐一寫下，看看它們對你有沒有不同的感覺？完成後，你明白所謂的念頭只是一連串的文字嗎？它們可以隨時改變，而不帶任何意義。

（Harris, 2012）

這只是我的想法（活動）

　　請你嘗試寫下自己腦海中出現的思想或說話，在每一句句子的最後，加上「這只是我的想法。」幾個字，然後大聲把整句句子朗讀出來，察覺自己有何感受。

　　可能你會發現，加了幾個字的句子會變得有些陌生，你也可能發覺它與自己的想法好像多了一點距離。這個練習就是讓我們明白思想並不等於感受，而思考的故事並非必定是事實或真理。

超越自我的觀察

人生的足球比賽

很多人都喜歡觀賞足球比賽，卻有更多人喜歡在場上踢足球。

場上的球員都會全力以赴，用盡氣力追趕着那個皮球，情況就好像當人面對腦海內思考與感受的「皮球」時，就會不斷追趕着它，希望盡力把它控制在腳下。當球員太過投入，便會慢慢對球場內外的其他東西視而不見，甚至有隊友受傷離場，都未能察覺。

有沒有留意，在球場上除了球員之外，還有另外一個角色，他能夠觀察全場戰況之餘，更能夠輕鬆地欣賞球賽，他們就是足球比賽的觀眾。

現實生活中，我們大都只懂得擔當自己人生中的球員角色，在場上追逐皮球跑來跑去，弄得筋疲力盡。其實當我們在場上比賽，感到力有不逮的時候，亦可以試試走到看台上，用觀眾的角度，不加批評地欣賞每位球員的球技和賽事中的每一個細節，這樣才能更輕鬆地觀看這場人生的足球比賽。

討論電影

　　我認識兩位朋友，他們會因為看電影而時常互相辯論。朋友甲非常投入劇情當中，經常把自己當成劇中的主角，感受當中的喜怒哀樂。朋友乙會細心留意導演拍攝的手法、演員的表現，以及場景服裝是否美麗。每次他們看完電影之後，例必爭論一番。有次他們請我評理，我便説：「其實你們兩個看電影的方式，就如我們如何思考人生一樣。有時我們可能會完全投入自己的角色，感受過程中的喜怒哀樂，最後可能忘記了自己正在做的那個角色；同時我們也可以超越自我，用第三者的角度，觀察一下自己的表現、思考的方式，對自己的表現作出客觀而沒有批判的察覺。兩個方式都沒有衝突呀！」

離開水的魚兒

　　兩位漁夫在激動地討論，他們不自覺地把魚從水中撈出來分析討論。那條離開了水的魚兒，在他們討論期間早就死了。漁夫突然發現手上拿着的，已經不是剛才活生生的那條魚了，那有甚麼好討論呢？

　　就如你想知道河水是怎樣的，便在河邊撈了一勺水來觀察，然而在那一刻，勺子中的水已經不是流動的河水了。

　　我們在此時此刻思想過往的事，就像看着死了的魚兒和沒有流動的河水一般，已經變質了，為何還會被它們牽動情緒呢？

我是誰，誰是我

現在請你用十秒好好觀察自己。

（十秒鐘後）

請問此刻的你是否真實全部的你？那麼十秒之前的那個你，又是否真實全部的你？假若兩個都是真實全部的你，他們又有沒有任何分別呢？至少我估計他們的細胞總數必定不同，那麼，細胞較多還是細胞較少的你才是真實全部的你呢？

人生是一個流動的過程，而我們的察覺也是一樣，萬事萬物皆是流動的過程，而非靜止的。如果你覺得十秒前的你才是真實全部的你，那麼你又何需揹起未來所有的擔憂呢？如果你覺得此刻的你才是真實全部的你，那麼你又何需揹起從前所有的痛苦呢？

鏡上的霧氣

很多人都會在身心疲倦時,到浴室享受一個熱水浴,隨着蒸汽慢慢將你的疲勞帶走。浴室內掛在牆上的鏡子,原本可以清晰地反照自己的影像,現在結上一層霧氣,你看不清楚自己的樣子。這個時候,你在鏡上用指尖畫上甚麼東西,無論是快樂或是悲哀的圖案,它們都會把你的真像蓋過。當蒸汽和疲倦慢慢消退之後,你清晰的樣子必定會在鏡子上重現,因為真實的你從來都是如此。

雪地上的爪印

人生到處知何似，

應似飛鴻踏雪泥。

泥上偶然留指爪，

鴻飛那復計東西。

《和子由澠池懷舊》（選句），蘇軾

譯文：人生四處飄盪的旅程，究竟像甚麼呢？
應該像飛翔的鴻鵠在雪地上駐足暫歇，偶然在
泥上留下一些爪痕，等鴻鵠飛走了，還會計較
牠的腳印留在何處呢？

烏雲與狂風

黑雲翻墨未遮山，

白雨跳珠亂入船。

捲地風來忽吹散，

望湖樓下水如天。

　　　　《六月二十七日望湖樓醉書》，蘇軾

譯文：烏雲上湧就如墨汁潑下，天邊只露出了部分山巒。大雨激起的水花如白珠，胡亂飛濺到船上。忽然間狂風直捲而來，吹散了滿天的烏雲，使西湖的湖水碧波如鏡，明媚溫柔。

身在此山中

橫看成嶺側成峰，

遠近高低各不同。

不識廬山真面目，

只緣身在此山中。

《題西林壁》，蘇軾

譯文：從不同角度看廬山，會發現山嶺連綿起伏、山峯聳立；從遠、近、高、低處看，廬山會呈現各種不同的樣子。我認不清廬山真正的面目，因為我正身處廬山之中。

也無風雨也無晴

莫聽穿林打葉聲，何妨吟嘯且徐行。
竹杖芒鞋輕勝馬，誰怕？一蓑煙雨任平生。
料峭春風吹酒醒，微冷，山頭斜照卻相迎。
回首向來蕭瑟處，歸去，也無風雨也無晴。

《定風波》（選句），蘇軾

譯文：不用注意那穿林打葉的雨聲，不妨一邊
吟詠長嘯，一邊悠然地行走。竹杖和草鞋輕捷
得勝過騎馬，有甚麼可怕的？一身蓑衣任憑風
吹雨打，照樣過我的一生。春風微涼，將我的
酒意吹醒，寒意初上，山頭初晴的斜陽卻應時
相迎。回望走過來所遇到風雨之地，回去吧，
對我來說，既無所謂風雨，也無所謂天晴。

拳頭的力量

　　一位學習打拳的新手，正在很努力地練習，他打出每一拳的時間都出盡力氣，半分都不保留。有一天他有機會站到擂台上跟一位老拳手比賽，他使出全力打出每一拳，卻見老拳手每次出拳後，都把拳頭收回身邊，久久不再出拳。結果比賽完了，新手被打敗了。他跑到老拳手面前，追問他為甚麼比賽維持了那麼久，他還拳拳有力。老拳手笑着説：「不斷盲目出拳只會浪費氣力，每次打完都把拳頭收回來，然後再打出去，力量自會變得更大了！」

棋盤上的棋子

試幻想你的想法和感覺，就像棋盤上的棋子。藍色棋子令你有不快、消極、自我批評、焦慮等負面想法。當中還有恐懼、懷疑、厭惡、絕望等感受。請細心注意它們是如何組合及排列在棋盤上，並準備與紅色棋子作戰。

紅色棋子是令人感到愉快、積極的思想和記憶。當中還有自信、幸福、滿足、成功和歸屬感等感受。同樣細心注意這些正面的感覺、思想和記憶在棋盤上是如何組合在一起的。請注意藍紅雙方的棋子是如何擺出戰鬥的姿態，面對面地排列。

就像象棋遊戲一樣，我們經常將正面的思想、感覺和記憶，與負面的思想、感覺和記憶連結並對立起來，就好像藍紅棋子相互對抗。我們不想讓不愉快的思想和感覺成為現實，所以選擇了紅方，並希望力撐令人快樂的思想和感覺，與焦慮、恐懼、悲傷等負面思想和感受鬥爭。

在現實的象棋遊戲中，有時一種顏色似乎勝過另一種顏色，但勝負可以隨時改寫。而且象棋之戰往往可以持續數小時，就算棋手採取各種策略，最終都有機會陷入僵局。

當我們奮力與不想要的思想和感受對抗時，情況也是如此。我們越是激烈地戰鬥，戰鬥過程就會變得越曲折越漫長。有些時候，我們只須把自己當成棋盤，只要容納不同的棋子在我們之上活動，無須參與這場鬥爭。

手上的蠟燭

　　試想想你手中拿着一支點亮了的蠟燭，走進一間完全漆黑的房間。房間裏充滿各式各樣的東西，有很有趣的，也有很討厭的。你可以看見甚麼，取決於你手上蠟燭照到哪個方向。所有看到的東西，都依靠同一個光源，就是那支蠟燭，房間裏的東西都不會自行發亮。

　　自我的觀察就好像那支蠟燭，根據我們的意願，照亮特定的方向，使我們看見漆黑中的東西。

混濁的果汁

　　有一天俊傑與妹妹在花園玩耍，因天氣十分酷熱，媽媽特意
準備了鮮榨果汁給他們。當他們從花園回到屋內，媽媽將果汁倒
進透明的杯子內，給他們飲用，妹妹看見了十分興奮，二話不說
便將自己那一杯喝完了。當俊傑看到杯中的果汁混濁不清，便跟
媽媽説：「果汁那麼混濁，我不喝了！」説完他又跟妹妹跑到花園
繼續玩耍，媽媽只是笑了一下沒有理會他們。過了一會，俊傑跑
回屋內，看見桌上放了一杯清澈得很的果汁，便大聲對媽媽説：
「媽媽真好，為我準備了一杯新的果汁！」之後便大口喝完了。媽
媽回話：「我沒有準備新的果汁，你喝的還是剛才那一杯呢！」

　　原來媽媽剛才倒果汁時，果肉在杯中打轉才顯得混濁不清，當杯
子平靜下來沒有再被移動，果肉慢慢隨時間沉澱下來，果汁便變回原
來的清澈。困擾我們的思想及情緒好像果汁中的果肉一般，有時會被
翻起，令我們真正的內心被遮蓋了。當我們平靜下來，好好觀察，讓
思想及情緒隨時間沉澱，最後我們還是會看得見自己清澈的內心。

（一行禪師，2003）

空無一物

菩提本無樹，明鏡亦非台。

本來無一物，何處惹塵埃？

《菩提偈》（選句），惠能

譯文：菩提原本就沒有樹，明亮的鏡子也並不
是台。本來就是虛無，沒有一物，哪裏會染上
甚麼塵埃？

向樹學習

唯念門前樹，能容鳥泊飛。

來者無心喚，騰身不慕歸。

若人心似樹，與道不相違。

　　　　　　　《景德傳燈錄》卷二十九，龍牙禪師

譯文：看門前那棵樹，它可以容納鳥兒的棲息與飛去。鳥兒來的時候，樹沒有心意喚牠到來；鳥兒轉身飛去時，樹也不會期望牠回來。若然人心可以學習樹一般隨緣自在，就與真實的道便相隔不遠了。

困擾的櫈子（活動）

現在請你對着面前的一張空櫈，幻想那些困擾你的思想及情緒，活生生地坐在那張櫈子上。請你先說出 10 件關於它的負面想法，當中可以包括責罵的說話。

（待個案說完）

現在我們開始一個簡單的正念練習。

（開始正念練習，完成後）

現在再請你細心想想，嘗試說出 10 件關於那些困擾的正面想法，你亦可以想想感謝它的說話。

其實當你平靜下來，以正念的心來察覺，便會發現困擾你的東西也有其正向的一面。

價值觀與承諾的行動

巴士的終站

　　你乘坐巴士想到某地方，途中巴士會走在不同的路上，也會停泊在不同的車站上。你不會因為巴士途經不一樣的地方而下車，只會繼續坐着，直到抵達你想到的終點站。

　　人生的價值是甚麼？它就好像是那輛巴士的終站，你在過程中可以走上不同的道路，短暫停留在一些車站，但道路和中途站不是你的目標，終站才是你真正的最終價值。

棺材中的你

試幻想你的生命已經終結，你被放到棺材裏面。在葬禮上，有三位好朋友在台上致詞，總結你的一生。

你希望他們的致詞中如何形容你的生命呢？

父親的建議

　　試幻想你的父親坐在面向你的櫈子上，對於現在你遇到的困難或痛苦，你的父親會給你甚麼建議呢？他會希望你成為一個怎樣的人？他會為你哪些成就而感到驕傲呢？

水 的 重 力

　　價值觀是一種無法捉緊的東西，卻存在於你過往的很多決定中。價值觀好像重力一樣，雖然看不見，卻知道它的存在。現在桌上有一杯水，水在杯內因被盛載着，沒法向任何方向流動。但我們必須知道，就算水現時看上去是靜止不動的，重力依然存在。若果我們把水杯翻轉，水自然被重力吸引而往下流。

　　價值觀也一樣，一旦遇上能夠展現你個人價值觀的環境，你會很容易選擇到合適的方向。然而，人生有時候卻會因為環境限制，沒法實踐我們的價值觀，就好像現在放在杯內的水一樣。只要深信有重力的存在，我們必定在某天可以找到及實踐自己的價值觀。

兩位古代人物

　　有兩位古代的人物，他們的經歷很值得我們反思：

　　西楚霸王項羽，被譽為中國歷史最勇猛的將領，史學家稱「羽之神勇，千古無二」。但被劉邦打敗之後，他感到無顏面見江東父老，過江時刎頸自殺。

　　越王勾踐，被吳國打敗，被押送到吳國當奴隸三年。回國後發誓要復仇滅吳，結果他之後二十年都睡在柴草上及經常嘗苦膽來激勵自己雪恥（臥薪嘗膽），最後他用三千越兵打敗了吳國。

　　你在生活中又是怎樣面對挫折的呢？

八十歲時

有兩個八十多歲的老婆婆，心慌氣喘地拄着拐杖。她們邊走邊談，其中一個老婆婆說：「我這輩子都很痛苦，有過三次戀愛，我每次都投入了整個生命，但最後都失戀，每次我都痛不欲生，好不容易才能活到現在。」而另一個老婆婆說：「我比你幸運，我這輩子，從來都沒有愛上過誰，當然也沒有經歷過失戀的痛苦。」

你到八十歲的時候，你願意成為哪個老婆婆呢？

古老的索橋

曾經有一個男人，獨自站在高高的懸崖上，俯瞰着狹窄的深谷。他看到峽谷的另一邊有他真正想要的東西。他不但看到一個真正可以安居樂業的地方，還看見一個他心愛的伴侶。但他發現眼前只有一個方法能到達峽谷的另一邊，就是走過那道殘破又古老的索橋。索橋好像少了幾塊木板，他不確定索橋是否完全安全。但另一邊是他真正想去地方，你猜他將有甚麼選擇？結果是就算索橋看起來有點破舊，而他也不確定是否安全，他還是一步一步小心地走過去。當我們努力實現夢想但同時面對困難時，就好像看見了那道殘破又古老的索橋一樣。

霧中的目的地

當你在公路上駕車正前往參加一個十分重要的會議時，突然遇上濃霧，令你看不清楚前方，請問你會怎樣應付呢？一般人都會先把車子停下來，等待大霧過後才繼續前行。但這樣做需要停留多久呢？一小時還是半天？那麼你很大機會錯過那個重要的會議。還是你會選擇小心翼翼地駕駛，盡力辨認前方的事物，繼續前行呢？

困擾我們的情緒及想法就像身處大霧當中一樣，它們會使我們看不清前方。即使如此，我們都可以選擇繼續前行，盡力往你的價值、目標、方向慢慢前行。

美好的時刻（活動）

首先嘗試在你的記憶中尋找一段美好的片段，不必是一件印象深刻的事，可以是一些重要的事，也可以是一些小事。任何事件能令你感到生命的豐富就可以了。

現在請你閉上雙眼，嘗試讓那段記憶盡量真實地重現眼前，仿似發生在此時此刻。看看你能否再次體驗那份美好，盡情地去欣賞生命的豐富。有時你會發現這些片段會混合一些痛苦的感受。你會感到一些悲傷、渴望或者後悔。這並不出奇，每當我們有一些珍貴的片段，通常也會夾集痛苦在其中。當你浮起這些記憶時，請以開放的心，讓這些感受升起包括美好和悲傷，愉悅和痛苦。

同時請你挺直你的背脊，放鬆你的肩膀，雙腳平穩地放在地上。專注呼吸數次。當你再次平靜和集中，便繼續回到那段記憶中，逗留一段時間，隨你喜好決定時間的長短。當你重現那段記憶時，留意和探索一下當中的色、聲、香、味、觸。還有那份美好的感受。

留意在那段記憶中，你在做甚麼？你有甚麼行為？展現了甚麼個人特質？你與該活動是連結起來還是斷開、隔離的呢？你投入嗎？你怎樣對待自己、他人，還有這個世界呢？然後花數分鐘讓自己感受一下。這些問題的答案反映出甚麼樣的個人特質？那些都是你想擁有的嗎？這些答案有沒有提供一點建議，讓你達到想成為的人此目的呢？

（Harris, 2012）

馬與驢的故事

　　這是一個馬與驢的故事。曾經有一匹馬與一頭驢，牠們都住在農場裏，負責不同的工作。有一天，農場主人要到一個很遠的地方，去完成一件很重要的事。於是主人問馬及驢，誰想跟他一起出發遠征。驢子想了一想，去那麼遠的地方必定要翻山越嶺、長途跋涉，才能到達目的地，這必然會辛苦非常。結果牠選擇留在農場，繼續推動磨盤，每天圍着磨盤打轉。

　　馬選擇了跟主人展開了一段為期五年馬不停蹄的行程，當中牠經歷無數苦難與難關，受過風吹雨打的折磨。結果馬完成了一件很有意義的事，最後跟主人回到農場。當馬重遇驢子這個好朋友時，立即興高采烈地告訴牠這次旅程的經歷及所見所聞。驢子聽了之後，很羨慕馬有這個成就及經驗。馬聽了之後便對驢子說：「其實，在我開始旅程的這段時間，你也一步都沒有停下，你走的路一點不比我少！不同的是，我想改變命運，所以抓住了機會，朝着一個方向及有價值的目標步步前進，結果得到了這一切。而你選擇了安於現狀，過安逸的生活，放棄了追求自己的價值，結果每天就只能圍着磨盤打轉。」

見地思遷

想像一下，你選擇了一個種植蔬菜和花朵的地點。你開始翻土壤，埋下種子，然後等待牠們發芽。就在此刻，你注意到馬路對面另有一處，看起來也是一個栽種的好地方，你甚至認定那處可能比現在的更好。於是你拔起已初長的蔬菜幼苗，穿過街道，將牠們種在那處，並建成另一個花園。此時，你又注意到第三個看起來更好的地方，於是你又拔起幼苗，又搬到那個地方去。

你可以猜猜最終會有甚麼收成嗎？如果最初你沒有離開首次認定的田地，繼續努力耕種，結果會有不同嗎？

沼澤

假設你正開始旅程，要前往遠處一座美麗的山峰。剛開始徒步前行一會，就發現走進了一片沼澤，沼澤面積廣闊，伸延至四面八方，看不見哪處是盡頭。你跟自己說：「哎呀，我不知道要穿越沼澤，這裏周圍都是臭臭的，鞋上都是糊狀的泥，真骯髒！好不容易才能將我的腳從泥濘中抬起，向前踏步，現在我又濕又累。為甚麼沒有人告訴我關於這片沼澤的事？」當這種情況發生時，你有兩個選擇：一是放棄旅程，二是繼續在沼澤中小心前行。

很多時候，生活就是這樣，遇到沼澤，當然不希望令自己變得滿身泥濘，但仍選擇走入沼澤，目的是為了穿越那些擋着去路的阻礙物。人若能堅持向前，穿過困境，終能達到自己定下的目標，走到想去的目的地。

在直升機上「滑雪」

　　假設你正在去滑雪。你乘電梯到了山頂，準備要滑下山坡時，一個男人突然走到你身邊，問你要去哪裏。你往山下一指並回答：「我要去山腳那間小屋。」他說：「我可以幫你解決這個問題。」然後他迅速抓住你，把你推進直升機內，直升機立即起飛，帶你飛到那間小屋的門前，然後那男人和直升機都突然消失了。

　　你回過神來，茫然地環顧四週，看着那間小屋。你必然會感到不高興，對嗎？

　　人生有很多方法可以令我們抵達想去的目的地，然而就像滑雪一樣，我們不僅僅是要到達某地，而是享受前往的過程及方式，享受當中帶來的樂趣，那才是我們希望達成的目標，擁有的體驗。

大小肥皂泡

當一個很大的肥皂泡碰上較小的肥皂泡時，小的多數會被吸進較大的肥皂泡內。你有見過嗎？

幻想你是一個肥皂泡，正飄向某個早已決定前去的地方。突然，另一個肥皂泡出現，向你大叫：「停下！」你在那處飄浮片刻，當你嘗試避開它，移到旁邊、上方或下方時，那個肥皂泡都跟着你，移動速度還跟你一樣快，擋住了你的去路。

現在你只有兩個選擇，停止前往你定下的方向，或者你可以嘗試觸摸那個肥皂泡，把它吸入你的身體裏。第二個選擇是心理學上所說的「意願接納」。我們的障礙及困擾大都來自一些感覺、思想或記憶，它們一直都住在我們心裏，但我們卻往往誤會它們來自外在，與自己無關。

意願接納是一種想法，更是一種面對障礙及困擾時的行動：「為了堅持走下去，你必須意願接納那些困擾你的感覺、思想或記憶，才能讓你走上有價值的方向。」

參考書目

一　為甚麼我們感到痛苦？

1. Connolly, A. C., et.al. (2016). How the Human Brain Represents Perceived Dangerousness or "Predacity" of Animals. *The Journal of Neuroscience*, 36(19), 5373－5384. Doi.org/10.1523/JNEUROSCI.3395-15.2016

2. Blanchflower, D.G., Oswald, A.J. (2004). Well-being over time in Britain and the USA. *Journal of Public Economics*, 88(7－8), 1359-1386. Doi:10.1016/S0047-2727(02)00168-8

3. Ifeagwazi, C.M., Chukwuorji, J.C. & Zacchaeus, E.A. (2015). Alienation and Psychological Wellbeing: Moderation by Resilience. *Soc Indic Res*, 120, 525－544. Doi: 10.1007/s11205-014-0602-1

4. Qiu, T., Klonsky, E. D., & Klein, D. N. (2017). Hopelessness Predicts Suicide Ideation But Not Attempts: A 10-Year Longitudinal Study. *Suicide & Life-Threatening Behavior*, 47(6), 718－722. Doi: 10.1111/sltb.12328

5. Zika, S., & Chamberlain, K. (1992). On the relation between meaning in life and psychological well-being. *British Journal of Psychology*, 83(1), 133. Doi: 10.1111/j.2044-8295.1992.tb02429.x

6. 《戰國策・秦策一》：「代三十六縣，上黨十七縣，不用一領甲，不苦一民，皆秦之有也。」

7. Harris, R. (2006). Embracing your demons: An overview of Acceptance and Commitment Therapy. *Psychotherapy in Australia*, 12(4), 2-8.

8. Hayes, S. C., & Strosahl, K. D. (Eds.). (2005). *A Practical Guide to Acceptance and Commitment Therapy*. Springer Science & Business Media.

9. Stoddard, J.A. & Afari, N. (2014). *The Big Book of ACT Metaphors: A Practitioner's Guide to Experiential Exercises and Metaphors in Acceptance and Commitment Therapy*. N.Y.: New Harbinger Publications.

二　甚麼把我們困住了？

1. 哈洛德・柯依瑟爾 (2020)。《為甚麼我們明明過得很好卻不快樂？》，商周出版。

2. Curran, T. & Hill, A.P. (2019). Perfectionism is Increasing Over Time: A Meta-Analysis of Birth Cohort Differences From 1989 to 2016. *Psychological Bulletin*, 145(4), 410-429.

3. Swar, B., Hameed, T., & Reychav, I. (2017). Information overload, psychological ill-being, and behavioral intention to continue online healthcare information search. *Computers in Human Behavior*,70, 416-425.

4. Misra, S., & Stokols, D. (2012). Psychological and Health Outcomes of Perceived Information Overload. *Environment and Behavior*, 44(6), 737－759. Doi.org/10.1177/0013916511404408

5. Hayes, S. C., & Lillis, J. (2012). *Acceptance and commitment therapy*. DC: American Psychological Association Washington.

6. Hayes, S.C. (2004). Acceptance and commitment therapy, relational frame theory, and the third wave of behavioral and cognitive therapies. *Behavior Therapy*, 35(4), 639-665. doi.org/10.1016/S0005-7894(04)80013-3.

三　別將你的生活變成戰場

1. Ford, B. & Mauss, I. B. (2020). Emotion experience and well-being. In R. Biswas-Diener & E. Diener (Eds), Noba textbook series: *Psychology*. Champaign, IL: DEF publishers.

2. Bowlby, J. (1960). Grief and Mourning in Infancy and Early Childhood. *The Psychoanalytic Study of Child*, 1,9-52.

3. Strachey, J. (1917). Mourning and Melancholia. *The Standard Edition of the Complete Psychological Works of Sigmund Freud, Volume XIV (1914-1916): On the History of the Psycho-Analytic Movement, Papers on Metapsychology and Other Works*, 237-258.

4. Sharot, T. (2011). *The optimism bias: A tour of the irrationally positive brain*. Pantheon/Random House.

5. Kashdan, Todd and Biswas-Diener, Robert (2014). *The Upside of Your Dark Side: Why Being Your Whole Self – Not Just Your "Good" Self – Drives Success and Fulfillment*. NY: Penguin Random House LLC.

四　接受與承諾，帶我們衝出困境

1. Hayes, S.C., Strosahl, K.D., & Wilson, K.G. (2009). *Acceptance and Commitment Therapy: The Process and Practice of Mindful Change (2nd ed.)*. NY: Guilford Press.

2. Batten, S.V. (2011). *Essentials of Acceptance and Commitment Therapy*. SAGE: London.

3. Sims, P.A. (2003). Working with Metaphor. *American Journal of Psychotherapy*, 57(4), 528-536.

五　比喻，我們從小便曉得的力量

1. 《史記‧西南夷列傳》。

2. 《晉書‧樂廣傳》。

3. University of Arizona. *"How the brain finds meaning in metaphor."* ScienceDaily, 2 April 2019.

4. Killick, Curry, Myles (2016). The mighty metaphor: a collection of therapists' favourite metaphors and analogies. *The Cognitive Behaviour Therapist* 9(37), 1-13, doi:10.1017/S1754470X16000210

5. Lankton, S. (2002). "The Use of Therapeutic Metaphor in Social Work." In Roberts, A. and Greene, G. (Eds.) *Social workers' desk reference*. NY: Oxford University Press.

6. Jonathan T. Edelson (1983). Freud's Use of Metaphor. *The Psychoanalytic Study of the Child*, 38(1), 17-59, DOI: 10.1080/00797308.1983.11823384

7. Kopp, R. R. (1995). *Metaphor therapy: Using client generated metaphors in psychotherapy*. NY: Brunner/Mazel.

8. Dwairy M.A. (2012) Metaphor Therapy. In: Seel N.M. (eds) *Encyclopaedia of the Sciences of Learning*. Springer, Boston, MA. https://doi.org/10.1007/978-1-4419-1428-6_677.

9. Burns, G. W. (Ed.). (2007). *Healing with Stories: Your Casebook Collection for Using Therapeutic Metaphors*. John Wiley & Sons, Inc.

六　如何使用這書──給一般讀者及治療師

1. Martin, J., Cummings, A.L., & Hallber, E.T. (1992). Therapist's intentional use of Metaphor: Memorability, clinical impact, and possible epistemic/motivational functions. *Journal of Consulting and Clinical Psychology*, 60(1), 143-145.

2. Lyddon, W. J., Clay, A. L. & Sparks, C. L. (2001). Metaphor and Change in Counseling. *Journal of Counseling & Development*, 79(3), 269-274.

3. Millikin, J. W., & Johnson, S. M. (2000). Telling tales: Disquisitions in emotionally focused therapy. *Journal of Family Psychotherapy*, 11, 73-79.

七　心理彈性配合基本比喻的作法

1. Hayes, S.C., Strosahl, K.D., & Wilson, K.G. (2009). *Acceptance and commitment therapy: The process and practice of mindful change (2nd ed.)*. NY: Guilford Press.

八　比喻大全

1. Hill, C. E. (2009). *Helping skills: Facilitating exploration, insight, and action (3rd ed.)*. Washington, DC: American Psychological Association.

2. Harris, R. (2012). *The Reality Slap: Finding Peace and Fulfilment When Life Hurts*. NY: Harbinger.

3. 一行禪師 (2003) 。《正念的奇蹟》，橡樹林出版。

4. 一行禪師 (2016) 。《怎麼走》、《怎麼鬆》、《怎麼看》、《怎麼坐》，大塊文化出版。

5. 一行禪師 (2020)。《橘子禪：呼吸，微笑，步步安樂行》，橡實文化出版。

6. Stoddard, J.A. & Afari, N. (2014). *The Big Book of ACT Metaphors: A Practitioner's Guide to Experiential Exercises and Metaphors in Acceptance and Commitment Therapy*. NY: New Harbinger Publications.